Lotte Bormuth

Die Fülle
meines
Lebens

W0230753

francke

Über die Autorin:
Lotte Bormuth ist eine der erfolgreichsten christlichen Autorinnen Deutschlands. In über 100 Titeln hat sie mit Lebensbildern und eigenen Erlebnissen vielen Menschen Trost, Freude und Glaubensmut vermittelt. 1945 als Flüchtlingskind nach Deutschland gekommen, engagiert sie sich heute für syrische Flüchtlinge in ihrem Umfeld. Sie hat fünf Kinder, 17 Enkel und drei Urenkel und lebt mit ihrem Mann in Marburg.

Bibliografische Information Der Deutschen Nationalbibliothek
Die Deutsche Nationalbibliothek verzeichnet diese Publikation
in der Deutschen Nationalbibliografie;
detaillierte bibliografische Daten sind im Internet
über http://dnb.ddb.de abrufbar.

ISBN 978-3-86827-674-9
© 2017 by Verlag der Francke-Buchhandlung GmbH
35037 Marburg an der Lahn
Umschlagbild: © fotolia.com / goldbany
Umschlaggestaltung: Verlag der Francke-Buchhandlung GmbH /
Christian Heinritz
Satz: Verlag der Francke-Buchhandlung GmbH
Printed in Czech Republic

www.francke-buch.de

Inhalt

Treue Wegbegleiter 5

Der morsche Apfelbaum 18

Der begabteste Fußballspieler 22

Eine mutige Mehrkämpferin für Gott 32

Momente für die Ewigkeit 40

Das Mittagsgebet 54

Baumgeld – ein etwas seltsames
	Geschenk 56

Wenn Mütter weinen 59

Erbgeschichten, die uns in Nöte bringen 63

Ein ermutigender Anruf 70

Eine seltsame Frage 75

Wenn Menschen erquickt werden 82

Dienst für Gott – eine verheißungsvolle
	Aufgabe 88

Gott kennt unsere Traurigkeit 105

Prüfungen, Prüfungen und kein Ende .. 108

Die Namenlose 111

Die Geschichte einer geglückten Flucht 116

Drei hübsche Afrikanerinnen 120

Kicken mit der Kirche 124

Wie reich darf ich sein? 127

Hochzeit feiern – welch eine Freude 140

Treue Wegbegleiter

Mit herzlichem Dank stehe ich vor Gott und freue mich über all die Menschen, die mir auf dem Weg des Glaubens zu treuen Begleitern geworden sind. Aber mich bewegt auch eine gewisse Wehmut, dass sie schon lange von Gott in seine neue Welt abberufen wurden. Wie viel Segen ist mir durch sie zuteilgeworden. Nun aber sind sie mir fern. In Psalm 84,7 heißt es: „Die Lehrer werden mit viel Segen geschmückt", und in Hebräer 13,7 werden wir ermahnt: „Gedenket an eure Lehrer, die euch das Wort Gottes gesagt haben; ihr Ende schauet an und folget ihrem Glauben nach." An den Präses des Gnadauer Verbandes, Pfarrer Kurt Heimbucher, muss ich denken. Seine liebenswerte Art hat er in besonderer Weise meine heranwachsenden Kinder spüren lassen, wenn sie zur Glaubenskonferenz in die Hammerhütte nach Siegen mitfuhren. Freundlich hat er sie begrüßt und sich Zeit für ein längeres Gespräch mit unseren beiden Ältesten genommen. Anne-Ruth und Gottfried standen nach dem Abitur vor der Frage: Welchen Beruf sollen wir ergreifen? Hilfreich waren seine Argumente, als er besonders unserem Sohn Mut machte, Theologie zu studieren und sich in den Dienst unserer Kirche stellen zu lassen. Gott brauche tapfere, mutige Verkündiger in unserem Land. Seine freundliche und liebevolle Art zeigte sich auch darin, dass er nach einer solchen Unterredung ihnen beiden Essensmarken in die Hand drückte mit den Worten: „Auf unserer Tagung hier soll es euch gut gehen. Ihr sollt keinen Hunger leiden."

Ich war immer sehr dankbar, wenn meine Kinder Kontakt zu solchen Gottesmännern fanden und gerne mit uns die Glaubenskonferenzen besuchten. Ihr junges Leben mit Gott brauchte eine kluge Wegführung und eine starke Ermutigung.

In Siegen lernte ich auch Herrn Pfarrer Paul Deitenbeck kennen. Er begegnete mir auf dem Flur, als er nach seinem Vortrag meinen Mann herzlich begrüßte und sich freute, auch mich kennenzulernen. „Ehepaar Bormuth, wie lange seid ihr schon miteinander verbunden?"

„Über dreißig Jahre", lautete unsere Antwort.

„Dann stellt euch hier zu mir an die Wand, damit ich euch segnen kann."

Wie wohl taten mir die Worte dieses Pfarrers, der nicht nur mit meinem Mann durch den Dienst im Gnadauer Gemeinschaftsverband verbunden war, sondern auch mich mit unserer großen Kinderschar in seine Gebete einschloss und uns unter Gottes Segen stellte. Pfarrer Deitenbeck hat mich auch noch mehr Liebe erfahren lassen. Einmal drückte er mir mit einem frohen Lächeln auf seinem Gesicht fünf DM in die Hand mit den Worten: „Für eine Gurke oder eine Tafel Schokolade." Ich klebte mir dieses Geldstück zu Hause an die Tür meines Backofens. Dieses Silberstück war mir höchst wertvoll, denn es erinnerte mich an einen Menschen, dem auch ich im Glauben an Gott verbunden sein durfte. Für eine Gurke oder eine Tafel Schokolade war mir dieses Geldstück viel zu kostbar.

Die herzliche Beziehung zu ihm blieb mir noch lange erhalten. Jedes Mal, wenn ich ein neues Buch auf den Markt brachte und es ihm mit einer Widmung zuschickte, bedankte er sich bei mir und bestellte gleich 20 neue dazu. Weil es ihm ein Anliegen war, andere zu beschenken und ihnen Gutes zu tun, brauchte er immer gute, praktische christliche Literatur zum Weitergeben.

Von ihm wurde mir noch eine andere nette Begebenheit berichtet. Sie hat mir sehr imponiert. Es war Weihnachten, und er kam an einer Fleischerei vorbei. Auf der Straße sah er einen Trupp von Bauarbeitern stehen, die bei Eiseskälte neue Rohre verlegen mussten. Da ging er auf die Männer zu und begrüßte sie: „Heute feiern wir Christfest. Ihr sollt auch an der Freude dieses Tages teilhaben. Jesus ist für uns geboren. Jedem von euch spendiere ich eine Bratwurst mit Brötchen. Begleitet mich in den Laden." Die Truppe der Männer ließ sich dies nicht zweimal sagen und folgte ihm zur Theke. Die Arbeiter waren von der freundlichen Art ihres Ortspfarrers überrascht. Ich musste denken: So gewinnt man seine Schäfchen in der Gemeinde.

Pfarrer Deitenbeck hatte eine liebe Art, Menschen spontan zu begegnen und ihnen wohlzutun. Ich muss sicher gar nicht erwähnen, dass seine Gottesdienste immer sehr gut besucht waren. Und nun durfte auch ich in diese Liebesbeziehung mit hineingenommen sein und wurde später noch mit vielen Liebesgaben und manch herzlichen Grüßen bedacht.

Zu den Menschen, die mir bedeutsam geworden sind, gehört auch die Oberin des Diakonissen-Mutterhauses in Aidlingen. Im Nachbarort Gärtringen war ich zu einem Vortrag eingeladen. Von Aidlingen hatte ich schon viel Gutes gehört und so war ich hocherfreut, als mich ein Anruf erreichte, ob ich denn auch zu einem Bibelkreis ins Mutterhaus kommen könnte. Gern nahm ich diese Einladung an. Für Sonntagnachmittag war ich zu einer Bibelstunde eingeladen und sollte die Verkündigung übernehmen. Herzlich wurde ich von Schwester Berta empfangen. Sie geleitete mich in den Andachtssaal. Ich hatte mit einem kleinen Kreis von Schwestern gerechnet und nun führte mich die Oberin in einen voll besetzten Saal. Darauf war ich nicht vorbereitet gewesen. Aber mein Herz schlug noch höher, als ich vorn auf der Bühne stand und die vielen Besucher sah, die auf der Empore saßen. Mir zitterten die Knie, als ich vor dem Rednerpult stand, und war froh, dass meine Aufregung verborgen blieb. Gott schenkte mir seine Gnade zur Predigt an diesem Sonntagnachmittag und die vielen erwartungsfrohen Gesichter erfüllten mein Herz mit Freude.

Mehrmals wurde ich in den folgenden Jahren zu diesem Bibelstundenkreis eingeladen und auch bei den Schwestern durfte ich über meine Vortragsreisen in die neuen Bundesländer berichten. Das Erzgebirge und das Vogtland kannte ich recht gut und es gibt nur wenige Orte, in denen ich noch nicht gewesen bin. Die Schwestern waren am Geschehen in den neuen Bundesländern interessiert, denn die Wende war erst vor Kurzem vollzogen worden und so wurde ich ein gern gesehener Gast bei den lieben Diakonissen.

Aber an einem Morgen wurde ich von einem Brief total überrumpelt. Mit einem recht kurzen Schreiben wurde ich eingeladen, zum Pfingstjugendtreffen zu kommen und dort zu predigen. Hier kamen mehr als achttausend junge Menschen zusammen. Diese Nachricht trieb mich zur Stille im Gebet, denn Angst überfiel mich. Mein Mann ermutigte mich, diesen Auftrag anzunehmen. „Lotte, fahr nach Aidlingen. Du wirst viel Freude an diesem Dienst gewinnen." So fuhr ich zum Pfingstjugendtreffen und wurde sehr herzlich von Schwester Berta empfangen. Vor dem Einsatz in dem Riesenzelt trafen wir uns im kleineren Schwesternkreis und falteten unsere Hände. Meine Bitte zu Gott lautete: „Vater im Himmel, leg du mir selbst die Worte auf die Lippen, damit junge Menschen zum Glauben an dich finden. Gib mir Kraft, Weisheit und Vollmacht von dir, dass dem Wirken deines Heiligen Geistes nichts im Wege steht und die jungen Menschen durch dein befreiendes Evangelium zum Heil in dir finden. Amen!"

Staunend stand ich vor dem Rednerpult und sah auf die erwartungsvollen Gesichter. Gott schenkte mir kraftvolle, rettende Worte, und voller Freude über sein Handeln konnte ich meinen Vortrag zu einem guten Ende bringen. Bevor ich dann die Heimreise antrat, ging die Oberin mit einigen Schwestern und mir in einen stillen Raum und wir dankten unserem Herrn für die Freiheit, in unserem Land Gottes wunderbares Evangelium in reichem Maße zu verkündigen. Beim Verabschieden nahm mich Schwester Berta in ihre Arme und drückte mir einen Kuss auf die Stirn. Wie wertvoll war mir dieser Liebesbeweis.

Nun sind darüber schon viele Jahre ins Land gegangen. Schwester Berta ist schon lange in Gottes himmlischer Welt. Mir aber ist die Herzlichkeit und Liebe dieser mutigen Diakonisse in bleibender Erinnerung geblieben.

Inzwischen habe ich das biblische Alter weit überschritten, und doch war es mir jetzt noch einmal vergönnt, zum Dienst nach Aidlingen zu fahren. Im Buchcafé Credo war ich zu einer Lesung eingeladen. Eng wurde es in diesen Räumen, denn immer mehr Besucher drängten herein. Mein Thema lautete „Kerzenduft und Tannengrün" und ich berichtete über das Wunder der Heiligen Nacht auf Bethlehems Fluren.

Drei Tage später schickte mir einer meiner Leser einen Bericht, den er im Internet über meinen Vortragsabend gefunden hatte. Darüber war ich sehr überrascht. Darin hieß es:

„Wer Lotte Bormuth kennt, weiß, dass sie nicht nur liest, sondern hauptsächlich packend erzählt von bewegenden Erlebnissen und Begegnungen, wie sie das Leben schreibt. Dabei wechselt sich Autobiografisches ab mit ‚Geschichten von nebenan'. Meisterhaft beschreibt die Autorin, wie die verschiedensten Menschen die herrliche Weihnachtsfreude erlebten. Es wird ein Abend voller bunter Geschichten, die dem Zuhörer ans Herz gehen und die Mut, Zuversicht und Weihnachtsfreude schenken."

Ich selbst war an diesem Abend von tiefer Ergriffenheit erfüllt über so viel Liebe, die Gott uns durch das Kind in der Krippe schenkt. Die Diakonissen von Aidlingen haben ein weites Herz für die Verkündigung des Evangeliums. Ihre Liebe hat mir wohlgetan und die Erinnerung an Schwester Berta werde ich in großer Dankbarkeit in meinem Herzen behalten.

Einen anderen lieben Freund, der mir in meinem Leben bedeutungsvoll geworden ist, will ich noch erwähnen. Es ist der ehemalige Vorsitzende des Altpietistischen Gemeinschaftsverbandes, Pfarrer Walter Schaal. Ihn lernte ich auch in Siegen auf einer Konferenz kennen. Seine Predigt hat mich im Innersten berührt, und so sprach ich ihn an. In mir hatte sich einiges angesammelt, das ich in einem Beichtgespräch zur Sprache bringen wollte. Es war eine längere Unterredung, die wir in einem Hotel beim Mittagessen führten. Eine Reihe von Schwierigkeiten bedrängten mich. Meine Kinder waren erwachsen geworden und ich musste meinen Erziehungsstil ändern. Dessen war ich mir bewusst. Oft war es die Angst, die mich bedrängte, wenn sie abends so spät nach Hause kamen. Ich konnte in der Nacht erst einschlafen, wenn ich wusste, dass sie alle in ihren Betten lagen. Mein Mann hatte schon längst zu einem gesunden Schlaf gefunden, während ich mich unruhig in den Kissen wälzte. Damals wurden in den Schulen und Diskotheken viele Feste gefeiert, die erst spät ihr Ende fanden. Alkohol und Drogen waren für die Jugendlichen zu einer großen Gefahr geworden. Ich meinte, die Kinder mit Strenge in der Erziehung vor diesem verderblichen Einfluss bewahren zu können. Aber nun war für mich die Zeit gekommen, meine Kinder loszulassen und sie nicht mit unnötigen Befehlen zu gängeln. Schreien und Schimpfen waren nicht die rechte Art, meine Fünf in den bewahrenden Gleisen zu halten. So war ich an ihnen schuldig geworden.

Als unser Gottfried 18 Jahre alt geworden war, wollte ich mich in meinem Verhalten ändern und ihn nicht mehr mit strengen Regeln in die Schranken weisen. So änderte ich mich und schwieg zwei oder drei Tage, wenn er wieder viel zu spät in der Nacht nach Hause gekommen war. Aber am vierten Tag meinte ich, durchgreifen zu müssen, und tadelte ihn schon wieder. „Mutter", sagte er ziemlich empört, „drei Tage warst du vernünftig und hast dich mir gegenüber korrekt verhalten, aber nun fängt deine alte Leier wieder an. Bin ich jetzt volljährig oder nicht?"

Ich musste meinem Sohn recht geben und gestand vor meinem Seelsorger mein ängstliches, aber total falsches Verhalten ein. Meine Art, unseren erwachsenen Kindern zu begegnen, war von Furcht geprägt. Pfarrer Schaal hörte mir aufmerksam zu. Dann sagte er zu mir: „Rechte Erziehung ist eine der schwierigsten Aufgaben in der Familie. Aber wir dürfen unser Leben lang Lernende bleiben. Es ist gut, wenn Gott uns auf unsere Fehler aufmerksam macht und wir ihm recht geben. Er will uns unsere Schuld verzeihen. Ich danke Ihnen, Frau Bormuth, für das Vertrauen, das Sie mir entgegengebracht haben. Sie haben Ihr Versagen erkannt und nun alles in Gottes Ohr hineingeredet. Der Herr ist ein verständnisvoller und versöhnender

Vater. Sie dürfen Neues wagen. Ist es Ihnen recht, wenn ich noch mit Ihnen bete?" Und so falteten wir unsere Hände. Just in diesem Augenblick stand die Kellnerin hinter uns und wollte kassieren. Sie merkte sofort, dass sie uns jetzt nicht stören durfte, und trat zwei Schritte zurück. Das war ihr in der Weise sicher noch nie passiert. Erst als wir Amen gesagt hatten, kam sie wieder auf uns zu. Mir war jetzt wohler zumute, da ich mir alles Belastende von der Seele geredet hatte.

Es ist immer hilfreich, das Versagen vor Gott zu bringen. Und doch fragte ich mich: War es richtig, einem Pfarrer, mit dem mein Mann im Gnadauer Verband als sein Mitarbeiter eng verbunden ist, meine Schuld zu bekennen? Was wird er denken, wie es in unserer Familie zugeht?

Aber mein Gewissen musste mich nicht lange plagen, denn schon am nächsten Morgen trat Herr Pfarrer Schaal auf mich zu und bat mich, die Rüstzeit für die Predigerfrauen in seinem Verband zu übernehmen. Ich konnte die Einladung zu diesem Dienst kaum begreifen. Ganz neu aber wurde mir das Wort aus dem ersten Johannesbrief bewusst: „Wenn wir sagen, wir haben keine Sünde, verführen wir uns selbst und die Wahrheit ist nicht in uns. Wenn wir aber unsere Sünde bekennen, so ist Jesus treu und gerecht, dass er uns unsere Schuld vergibt und reinigt uns von aller Untugend. Wenn wir im Licht wandeln, wie er im Licht ist, haben wir Gemeinschaft untereinander, und das Blut Jesu Christi, seines Sohnes, macht uns rein von aller Sünde." Ganz neu begriff ich, welch wunderbares Heil uns Jesus erworben hat. Die Vergebung und Aussöhnung mit ihm ist Jesu größte Tat.

Mehrere Jahre hintereinander durfte ich diese Rüstzeiten für Herrn Pfarrer Schaal in Schwäbisch Gmünd halten. Welch großes Vertrauen brachte mir mein Beichtvater entgegen!

Der morsche Apfelbaum

Heute ist ein riesengroßer Ast von unserem Apfelbaum abgebrochen. Ich hatte gerade meinen täglichen Spaziergang beendet und kam nach Hause, da sah ich das große Malheur. Unheimlich viele noch unreife Früchte hingen daran und nun lag er völlig zerborsten auf dem Rasenplatz. Ich betrachtete mir die Bruchstelle. Die Äste waren morsch, sonst lägen sie nicht so zerschunden auf der Erde. Über vierzig Jahre hatte dieser Ast uns Früchte gebracht, herrliche Boskopäpfel. Nun aber blieb uns nichts anderes übrig, als den abgebrochenen Ast völlig abzusägen und im Kamin zu verbrennen.

Mich brachte unser Baum zum Nachdenken. Vierzig Jahre hat er uns mit vielen Körben von Äpfeln versorgt. Nun aber muss ich die vielen Früchte auflesen und auf den Komposthaufen werfen. Sie waren noch nicht reif. So ist auch manchmal mein Leben, musste ich denken. Dabei bringe ich schon mehr als das Doppelte an Jahren ins Leben. Ich schaute ihn mir genau an und wunderte mich über die vielen morschen Stellen im Geäst. Das machte mich nachdenklich und ich begann, Bilanz zu ziehen über mein Leben. Das ist kein leichtes und auch nicht immer ein erfreuliches Tun. Gewiss, ich weiß um die Vergebung durch Gott, und doch gibt es Ereignisse, die mir nach fünfzig Jahren noch im Gedächtnis haften. Mit unserem Sohn Matthias wollte ich sprechen, noch einmal über sein Meerschweinchen. Der Junge war acht Jahre alt und hatte von Bauer Michel, bei dem er jeden Abend drei Liter Milch holte, ein Meerschweinchen geschenkt bekommen. Mit seinen Freunden hatte er das Tier mitsamt dem Stall auf dem Fahrrad hier zu uns ins Haus gebracht.

„Mama, komm schnell und guck mal, was mir heute mein Bauer geschenkt hat. Sogar den Stall darf ich behalten. Wo soll ich ihn hinstellen?"

Ich überlegte nicht lange und antwortete meinem Sohn: „Bring ihn ins Untergeschoss. In einer Ecke ist noch Platz." Dabei packte ich mit an, um die schwere Kiste hinunterzutragen. Meinem Kind war die Freude ins Gesicht geschrieben, dass er nun endlich ein Haustier haben durfte wie sein jüngerer Bruder, der von einem unserer Freunde ein kleines Häschen geschenkt bekommen hatte. Eine Stunde später wollte ich noch schauen, ob denn auch alles in dem Studentenzimmer nebenan in Ordnung war. Einer Mieterin wollte ich ein neues Zuhause darin geben. Ich ging die Treppe hinunter und roch schon auf der ersten Stufe, wie furchtbar es hier unten stank. Ich war entsetzt und rief Matthias herbei. „Junge, du musst das Meerschweinchen sofort wieder aus dem Haus schaffen. Es verpestet mir die Luft hier im Untergeschoss. Kein Mensch wird das Zimmer bewohnen wollen."

Ich merkte, wie sich auf das Gesicht meines Kindes ein Schatten legte. „Aber Mama, das ist doch jetzt mein Meerschweinchen."

„Schaff den Stall mitsamt dem Haustier sofort wieder zum Bauer Michel!", fiel ich ihm ins Wort.

Matthias wusste, dass ich keine Widerrede duldete, rief seine Freunde herbei und brachte das Meerschweinchen mit seinem Fahrrad wieder zum Bauern zurück.

Erst viele Jahre später wurde mir bewusst, wie sehr ich mein Kind durch meine barsche Art verletzt hatte. Hätte ich mich auf sein Problem eingelassen, dann wäre ich sicher auf eine andere Lösung gekommen und hätte das Haustier im Gartenhaus untergebracht. Meine herbe Art machte mir heute noch Not. Ich hatte total falsch gehandelt. Wie konnte ich nur so hart gegenüber meinem Jungen sein, der sich doch so sehr über sein Meerschweinchen gefreut hatte.

Ich beschloss, Gott um Vergebung zu bitten und zugleich mit meinem Sohn zu reden, dass er für seine beiden Kinder ein Haustier kauft, quasi als Ersatz für seinen Verlust von Bauer Michel. Die Rechnung sollte natürlich an mich gehen. Damit würde ich die Verletzung von früher nicht wettmachen können, aber es war ein kleiner Versuch, ein gutes, verstehendes Gespräch mit meinem Sohn zu führen.

Der begabteste Fußballspieler

War das eine große Anspannung, als die Europameisterschaft in Frankreich ausgetragen wurde. „Diesmal müssen wir Sieger werden", prophezeiten die Deutschen. Aber alles kam ganz anders. Die deutsche Mannschaft verließ den Platz nur als Vierter und viele Fans betrachteten dies als große Blamage. Aber so sehe ich das nicht. Ein Spiel muss ein Spiel bleiben, und oft empfinde ich ein tiefes Mitgefühl gerade mit den Verlierern. Auch Frankreich, das so große Hoffnungen auf seine Mannschaft gesetzt hatte, musste eine Enttäuschung hinnehmen. Ihre Spieler konnten nicht gewinnen, sondern wurden nur Zweite. Europameister wurde Portugal.

Der Jubel darüber fand bei den Portugiesen kein Ende. Tagelang wurden Partys gefeiert. Mit meinen Kindern verfolgte ich diesen Sieg am Fernsehen. Alle Hoffnungen ruhten auf Cristiano Ronaldo, dem Superstar. Tüchtig war er, kraftvoll und mit hohem fußballerischen Können begabt. Aber es gab an ihm auch einiges auszusetzen. Dreimal war er Weltfußballer des Jahres geworden. Viele sagten von ihm, er sei in seinem Auftreten sehr arrogant. Wenn er in seinem glitzernden Trikot auf den Platz lief, wurde er umjubelt und von den Zuschauern bestaunt. Sein Verhalten war von einer Sphäre der Eitelkeit und Arroganz geprägt. Aber so unverwundbar, wie er sich gab, war er gar nicht. Wenn er einmal eine Torchance vergab, dann liefen ihm schon mal ein paar Tränen über die Wange, sodass ihm seine Mitspieler den Spottnamen *Heulsuse* gaben. Von seiner Mutter, die über ihn ein Buch geschrieben hat, weiß ich, dass er in seinem Innersten recht scheu, verletzlich und ängstlich war. Er selbst war sich dessen bewusst, wem er eigentlich sein Können zu verdanken hatte: seiner Mutter.

Beim Endspiel der Europameisterschaft ereilte ihn ein großes Fiasko. Kaum war die portugiesische Mannschaft auf dem Platz und hatte einige Torchancen, da ereignete sich ein schreckliches Drama. Ronaldo wurde von einem Gegenspieler furchtbar gefoult und stürzte zu Boden. Sofort eilte ein Arzt zu ihm und wollte ihm beim Aufstehen helfen, aber jedes Mühen war vergeblich. Schwer verletzt blieb er liegen und angstvolle Blicke richteten sich auf ihn, denn alle Hoffnungen, dieses Spiel zu gewinnen, hatte man auf ihn gesetzt. Er war doch der Beste und Größte. Die Sanitäter mit der Trage wurden herbeigewinkt und es war gewiss, dass das Endspiel seinen Fortgang ohne Ronaldo nehmen müsste. Er wurde an den Spielfeldrand getragen.

Und nun geschah das Außerordentliche. Alle elf Spieler waren fest entschlossen, ihr Bestes zu geben. Sie wollten für ihr Land und für ihren verletzten Kameraden kämpfen und setzten sich ein wie die Löwen, um die Franzosen zu schlagen. Dazu feuerte der verletzte Ronaldo seine Kameraden von der Ersatzbank aus mit ermutigenden Zurufen an. Das Unglaubliche geschah und die Portugiesen wurden wahrhaftig Europameister. Ein Jubel brach aus. Die Freude kannte keine Grenzen. Die Spieler lagen sich in den Armen und bildeten in der Mitte des Platzes einen Kreis, in dem sie wie glückliche Kinder tanzten. Sogar Ronaldo wurde, unterstützt von zwei Helfern, zu ihnen gebracht. Der Pokal gehörte den tapferen Kämpfern, die sich bis zum Äußersten eingesetzt hatten. „So sehen Sieger aus!", sangen die begeisterten Zuschauer von der Tribüne.

Aber wer ist dieser Ronaldo? Nach diesem einzigartigen Spiel galt ihm jetzt mein Interesse.

Zunächst stand seine Geburt unter keinem guten Stern. Ihm wurde in seiner Kindheit recht übel mitgespielt. Der Junge wuchs unter ärmlichen Verhältnissen auf. Seine Heimat war die Insel Madeira im Atlantischen Ozean. Seine Mutter wuchs in einem Waisenhaus auf, weil sie schon als sehr kleines Kind die eigene Mutter verloren hatte. Sie wäre sonst wohl verhungert. Als sie das dreizehnte Lebensjahr erreicht hatte, musste sie die Schule verlassen, um sich mit dem Flechten von Körben Geld zu verdienen.

Der Vater von Ronaldo half im Fischereigewerbe aus. Später wurde er Soldat und musste für Portugals Kolonien in Afrika kämpfen. Als er aus der Armee entlassen wurde, kam er als gebrochener Mann in sein Land zurück. Die Zeit im Heer hatte ihn schwer gezeichnet. Bei einem Fußballverein fand er einen Job als Platzwart. Sein Problem aber wurde der Alkohol. Jeden Abend musste der kleine Cristiano seinen Vater, der total betrunken war, aus der Bar nach Hause holen. Der Junge fühlte sich gedemütigt, wenn seine Freunde ihn mit dem torkelnden Vater am Arm sahen. Sehr bescheiden lebte die Familie in nur einem Zimmer, das durch einen Vorhang in zwei Räume aufgeteilt war. Ronaldo sagte von seinem Vater: „Eigentlich habe ich ihn nicht richtig kennenlernen können, denn wir haben nie ein Gespräch miteinander geführt. Seine Trunksucht war schrecklich und ich habe mich seiner geschämt. Wie sehr habe ich mir einen liebevollen und verständnisvollen Vater gewünscht." Schon früh ist dann sein Vater mit 53 Jahren an Leber- und Nierenversagen gestorben. Der Alkohol hat ihn getötet. Ein tiefes Weh nach Liebe blieb in dem Sohn zurück. Nur den Namen Ronaldo hatte er für seinen Sohn ausgesucht und ihn nach dem damaligen Präsidenten der Vereinigten Staaten Ronald Reagan benannt.

In ihrem Buch berichtet die Mutter von ihrer großen Armut. Manchmal sei sie total verzweifelt gewesen. Als sie ihr viertes Kind erwartete, wurde ihr bewusst, dass sie diesem Baby keine Lebenschancen einräumen konnte. So entschloss sie sich, die Schwangerschaft abzubrechen, obwohl ihr das ihr katholischer Glaube verbot. Das war im Jahre 1985. Ronaldo sollte eigentlich gar nicht geboren werden. Die Mutter sagt selbst darüber: „Er war ein Kind, das ich abtreiben wollte, aber Gott wollte, dass mein Junge am Leben blieb. Für mich war dies eine große Bewahrung." Offen und ehrlich schreibt sie darüber. Sie sei mit dieser Bitte zum Arzt gegangen und habe ihm von all ihrem Elend erzählt. Sie sehe keine Möglichkeit, dieses Kind auszutragen. Aber der Arzt habe ihr klipp und klar gesagt: „Die Tötung eines Kindes werde ich nicht veranlassen. Es liegt kein medizinischer Grund zu solch einem Eingriff vor. Jetzt sind Sie dreißig Jahre alt und Sie werden noch erleben, wie viel Freude Ihnen dieses Baby ins Haus bringen wird."

Aber die Mutter wusste nicht, wie sie ihr Kind hätte ernähren können. So versuchte sie auf eigene Faust, ihre Schwangerschaft zu beenden. Eine äußerst seltsame und schwierige Nachbarin riet ihr, viel Dunkelbier zu trinken und anschließend einen Gewaltmarsch zu unternehmen. Diese Anstrengung und Erschöpfung würden dann zu einer Fehlgeburt führen. Zum Glück hat dieser Rat nicht zum gewünschten Ergebnis geführt. In ihrem Buch berichtet die Mutter noch, dass es ihr nicht leichtgefallen sei, ihr schuldvolles Verhalten zur Tötung ihres Kindes niederzuschreiben. Aber ihr sei klar geworden, wie nötig es gewesen sei, um andere Frauen, die sich in einer ähnlichen Not befanden, vor einer Abtreibung zu bewahren. Als sie später in der Öffentlichkeit über ihr Buch sprach, hat sie noch einmal betont: „Solch eine Entscheidung, eine Fehlgeburt vorzunehmen, müsst ihr Mütter euch sehr gut überlegen. Tut es bitte nicht!"

Cristiano las dies in ihrem Buch und erklärte ihr: „Du wolltest nicht, dass ich geboren werde. Aber nun siehst du, dass ich euch allen helfen kann und euch in eurer Armut tüchtig untere die Arme greife." Es ist zum Freuen, wenn man sieht, wie innig sich Mutter und Sohn verstehen. Sie weiß, dass es ihr ohne ihren Jungen nicht so gut gehen würde, und Ronaldo bekennt: „Meine Mutter ist der wichtigste Mensch in meinem Leben. Sie war immer an meiner Seite, in guten wie in bösen Tagen. Bei ihr hatte ich immer eine offene Tür."

Beim Endspiel der Europameisterschaft saß auch die Mutter von Ronaldo vor dem Fernseher. Sie war sehr bewegt, als sie das Foul des französischen Spielers wahrnahm. „Im Fußball gilt es, den Ball zu treffen und nicht dem Gegenspieler die Knochen kaputt zu schlagen", erregte sie diese üble Spielweise.

Als sie ihren Sohn schon mit zwölf Jahren von der Insel in ein Sportzentrum aufs Festland nach Lissabon hat ziehen lassen müssen, hat sie sehr darunter gelitten. Sie kam sich vor, als habe sie ihr Kind ausgesetzt. Beim Abschied hat sie viele Tränen vergossen. Aber sie wusste, dass ihr Sohn sportlich talentiert war, und wollte ihm die Chance auf eine gute Ausbildung nicht nehmen. So musste Ronaldo schon in ganz jungen Jahren selbstständig werden. Er war entschlossen, alles für den Fußball einzusetzen. Er lebte sehr diszipliniert und war vom Ehrgeiz gepackt. Nie wollte er einmal so enden wie sein Vater. Bis heute trinkt er keinen Alkohol, raucht auch nicht und lässt sich keine Tattoos stechen.

Natürlich musste er jetzt alle Schwierigkeiten, die ihm in der Fremde begegneten, allein auf sich nehmen. Am meisten machte ihm sein Inseldialekt zu schaffen. Aus diesem Grund wurde er auch oft gemobbt. Aber er ließ sich nicht unterkriegen. Ein guter Fußballspieler wollte er werden. So bewies er eine große Willensstärke und schlich sich oft nachts aus dem Schlafraum, um noch im Kraftraum zu üben.

Wegen seiner guten Leistungen wurde er oft ausgezeichnet und er gehört zu den Spitzenverdienern. Sein Vermögen teilt er gerne mit anderen und handelt so nach den Worten Jesu. Er hat nie vergessen, wie schmerzlich Armut sein kann, und gibt gerne von seinem Lohn auch an Bedürftige ab.

Einmal kam ein junger Afrikaner in das Sportzentrum in Madeira. Für ihn war kein Bett vorhanden. Ronaldo bot ihm seine Schlafgelegenheit an und suchte sich einen Platz für die Nacht auf dem Fußboden.

Auch wenn sein Stolz auf seine eigenen Leistungen anderen unerträglich zu sein scheint, so bleibt er doch seinen Mitspielern immer ein guter Kamerad und Helfer. Er spendet große Beträge an Arme und unterstützt andere Vereine, die sonst ihre Hallen schließen müssten. Besonders viel Geld hat er für die Tsunamiopfer gespendet und gab auch Geld für das Kinderhilfswerk. Am liebsten aber unterstützt er seine Mutter, der er sein Leben verdankt. Zu ihrem 61. Geburtstag überraschte er sie mit einem weißen Porsche, den er vor ihre Tür stellte.

Natürlich ist die Mutter stolz auf ihren Sohn. Sie freut sich an seiner Opferbereitschaft und schätzt seine große Begabung im Sport. Für den Gewinn der Championsleague spendete er 600000 Euro von seiner Siegesprämie.

Es gibt viele Menschen, die wohlhabend sind und eine Menge Güter besitzen, aber nur wenige, die ihr Herz den Armen schenken. Ronaldo ist einer von ihnen.

Eine mutige
Mehrkämpferin für Gott

Auf Teresa Zukic wurde ich durch eine Sendung im Fernsehen aufmerksam. Sie war zu einer Talkshow bei Margarete Schreinemakers eingeladen. Für mich ist sie die erste Nonne, die einen Stepptanz im Fernsehen vorführte. Bevor sie ins Kloster eintrat, war sie Leistungssportlerin gewesen. Aber in der Begegnung mit Jesus wurde ihr Leben total umgekrempelt. Als Ordensschwester kümmert sie sich besonders um die Kinder von amerikanischen Soldaten in einem Brennpunktviertel in Hanau. Skateboardfahren, Basketball- und Fußballspielen sind ihre Welt. Außerdem liebt sie das Gitarrenspiel. So gewann sie sehr schnell den Zugang zu den Kindern, die sie sehr gern mochten. Früher war sie Kunstturnerin und Mehrkämpferin gewesen.

Einmal wurde sie von einer Moderatorin dazu aufgefordert, einen Stepptanz vorzuführen. Dazu war sie sofort bereit und sagte: „Für den lieben Gott tue ich alles." Dann tanzte sie fröhlich zu dem Lied *I'm singing in the rain*. Die Zuschauer im Fernsehstudio waren begeistert und dachten im Stillen bei sich: Diese Nonne ist ein sehr gelungener Ableger vom Bodenpersonal Gottes.

Es ist schon sonderbar und nicht alltäglich, wenn eine Frau aus dem Kloster mit dem Skateboard durch die Straßen fährt oder in voller Tracht im Fernsehen einen Tanz aufführt. Sie wird in viele Sendungen eingeladen und gibt ein frohes Zeugnis von Gottes großer Liebe zu den Menschen weiter. Sie sieht sich als Botschafterin von Jesus Christus auf dieser Welt.

Geboren wurde Schwester Teresa 1964 in Kroatien. Da ihr Vater Fußballtrainer war, zog die Familie nach Deutschland, wo er junge Männer für diesen Sport begeisterte und zu guten Spielern ausbildete. Damals war Teresa sieben Jahre alt. Gott und die Kirche spielten in ihrer Familie keine Rolle. Teresa lebte allein für den Leistungssport. Sie trainierte fleißig und wurde hessische Meisterin am Schwebebalken. Später wechselte sie zur Leichtathletik und war auf Anhieb sehr erfolgreich. Sie sprang 1,72 Meter hoch und erreichte im Weitsprung 5,30 Meter.

Im Mehrkampf wurde sie Meisterin im Badischen Kader. Um das Abitur zu machen, ging sie auf ein Sportinternat in Bad Sooden Allendorf. Genau in dieser Zeit begegnete ihr Jesus.

In der Nacht vor einem Wettkampf konnte sie nicht zur Ruhe finden. Aus diesem Grund griff sie nach einem Buch, das ihr eine Freundin zum Abschied in die Hand gedrückt hatte. Es lag direkt neben ihren Kissen. Es war die Bibel. Sie schlug sie auf und fand die Stelle in der Bergpredigt: „Selig sind, die reines Herzens sind." Diese Worte gingen ihr sehr nahe und sie hörte mit dem Lesen gar nicht mehr auf. Die ganze Nacht hindurch prägten sich die Worte in ihr Gemüt ein und es kam zu einer Verbindung mit ihrem Erlöser. Noch nie war sie von dem Heiland der Welt so liebevoll berührt worden. Über dieses Erleben konnte Teresa nicht schweigen. Immer wieder musste sie in Vorträgen und Fernsehsendungen darüber sprechen.

Noch heute staunt sie darüber, dass ihr solches Glück widerfahren ist. „Das ist unfassbar, unbegreiflich, ja einzigartig", bezeugte sie ihr Erleben in einer Osternacht, als sie getauft wurde. Das geschah 1984. Durch ihre Bekehrung wurde ihr Leben völlig auf den Kopf gestellt. Bisher war der Leistungssport ihr Ziel gewesen. Ihr Wertgefühl hing davon ab, ob sie Erfolg hatte. Nun aber war ihr etwas viel Größeres begegnet. Gott, der Herr und Schöpfer der Welt, war in ihr Dasein getreten. So wurde sie bereit, nach dem Abitur den Sport an den Nagel zu hängen und in ein Kloster einzutreten. Als sie das zwanzigste Lebensjahr erreicht hatte, wurde sie Mitglied bei den Vinzentinerinnen in Fulda. Auf den Sport angesprochen, sagte sie in einem Interview: „Warum soll ich noch sinnlos durch den Wald joggen und Gewichte stemmen. Das ist nun vorbei." Sie war so erfüllt von der Liebe Jesu, dass sie ihrer Mutter einen zehnseitigen Brief schrieb. Sie hoffte, dadurch auch ihre Mutter ins Boot Jesu zu ziehen. Doch ihre Eltern zeigten kein Verständnis für ihr Handeln. Erst als sie erkannten, wie glücklich ihre Tochter war, in einem Kinderdorf Mutter für die Kleinen zu sein, unterstützten sie Teresa in ihrer neuen Aufgabe als Schwester.

Aber nach neun Jahren intensiver Arbeit in Brennpunktvierteln, bei den Senioren, in Behindertenheimen, im Krankenhaus und in der Gemeinde verließ sie das Kloster wieder. Das war kurz vor ihrer „Ewigen Profess", mit der sie ihre Mitgliedschaft auf Lebenszeit eingegangen wäre. Sie verfolgte eigene Ziele und wollte nicht von Ordensregeln und kirchlichen Strukturen abhängig sein. Sie gründete mit Schwester Claudia, die mit ihr im gleichen Kloster gelebt hatte, und ihrem Beichtvater Franz Reus eine eigene Kommunität in Pregnitz. „Geschwister Jesu" nannten sie sich. Der Pfarrer und die beiden Schwestern arbeiteten nun als Gemeindereferenten zusammen.

Teresa schrieb auch einige Musicals für Kinder, leitete Jugendchöre und förderte die jungen Menschen in der musikalischen Arbeit. Alle zwei Jahre organisierte sie ein Kinderfestival und ließ sich dazu vom Konzept der Willow Creek Gemeinde aus Chicago inspirieren. Das befruchtete ihre Arbeit sehr. Mehr als 300 Kinder kamen sonntags zur Messe.

Die wichtigste Person in ihrem Leben war Jesus. Sie malte ein Bild vom Gekreuzigten in Lebensgröße und hängte es im Foyer auf. Dadurch wollte sie die Menschen ermutigen, Christus von ganzem Herzen zu lieben.

In seiner Nachfolge erlebte sie auch große Überraschungen. Einmal gewann sie mit Pfarrer Reus 100000 Euro in einer Quizshow bei Jörg Pilawa. Kurz vorher hatte sie zu Gott gebetet: „Vater im Himmel, du könntest uns mit etwas Geld beschenken." Auch solche Gebete erhört der Herr. Sie konnte sich von diesem Geld ein Auto und andere wichtige Dinge kaufen. Dringend brauchte sie den Wagen für ihren Dienst in der Gemeinde.

Außerdem gründete sie eine Organisation mit dem Namen *Tafel, die Bedürftige mit Lebensmitteln versorgt*. Darüber sagte sie: „Das war der Hammer! Gott ist so verrückt liebevoll!" Das gemeinsame Gebet und der Lobpreis in der Kommunität sind Schwester Teresa so wichtig wie das Atmen und Essen. Oft erreichten sie auch Gebetsbitten, für Krankheitsnöte und andere schwierige Situationen zu beten. Fast kein Tag verging, ohne dass sie zum Beten aufgefordert wurde.

Im Internet ist sie zu finden und gerne hilft sie Menschen in Bedrängnis. Aber ihr Hauptauftrag bleibt, Menschen für Jesus zu begeistern. Und dafür ist sie ständig unterwegs. Die Liebe Jesu ist das Schönste, das es auf Erden gibt. Nur dadurch kann ein Leben

Zuversicht, Mut und Hoffnung gewinnen. Heute fühlt sie sich als Mehrkämpferin für Gott. Ausdauer, Einsatz und Fleiß – Gaben, die sie auch im Sport gebraucht hat –, kann sie nun für ihren Herrn Christus einsetzen. In diesem Verkündigungsdienst ist ihr die Redegewandtheit von Nutzen.

Nach dem Ruhestand von Pfarrer Reus zog die Kommunität nach Wiesendorf. Hier ist Schwester Teresa nur noch in Teilzeit als Gemeindereferentin tätig. Sie verwendet jetzt viel Zeit, als Rednerin für Gottes Botschaft unterwegs zu sein. So hält sie Vorträge und verschweigt auch vor einem weltlichen Publikum nicht ihre Begeisterung für Gottes große Liebe. Dabei ist ihr auch die Schwesterntracht eine Hilfe. Bei ihren Vorträgen ist sie den Menschen humorvoll zugewandt und berichtet von all ihren Erfahrungen mit Gott. „Das haut mich um", kann sie sagen. Gern orientiert sie sich an Christen, die vollmächtig das Wort Gottes verkündigen, wie der bekannte Theologe und Journalist Peter Hahne aus Berlin und Nick Vujicic, der ohne Arme und Beine geboren wurde. Gerade der Letztgenannte wird durch seinen frohen Glauben an Gott zum Rufer für

Christus. Sie sagt von sich selbst: „Ich bin gut drauf, weil Jesus mich liebt."

Viele suchen bei ihr auch ein seelsorgerliches Gespräch, weil sie in ihrem Leben gekränkt und verletzt wurden. Daraufhin verfasste sie einen Vortrag zu diesem Thema. Aber erst als sie solche negativen Erfahrungen selbst machen musste, wurde sie authentisch. Denn auch in der Gemeindearbeit wurde sie nicht nur mit Samthandschuhen angefasst, und einmal wäre sie darüber fast in eine Depression geraten.

Als junges Mädchen hatte sie es sich gewünscht, zu heiraten und mindestens fünf eigene Kinder zu bekommen. Aber dieser Wunsch hat sich für sie nicht erfüllt. Doch sie weiß sich nun zum Dienst für Gott berufen, und ihm ordnet sie alle eigenen Wünsche unter. Ihre Liebe und Leidenschaft gehören Jesus.

Momente für die Ewigkeit

Welch ein Segen ist es, wenn christliche Eltern ihre Kinder schon vor der Geburt Gott ans Herz legen und ihn um Bewahrung und Hilfe für sie bitten. Quälend ist die Hürde für eine Mutter, bis ihr Baby das Licht der Welt erblickt hat. Als uns ein Urenkel geboren wurde, stand das Leben der jungen Mutter in Gefahr. Das Ungeborene sollte mit einem Kaiserschnitt geholt werden, weil die Herztöne des Kindes sehr schwach geworden waren. Aber schon kurz nach der Geburt stellten sich heftige Blutungen ein und die Ärzte kämpften verzweifelt darum, das Leben der jungen Mutter zu retten. Als sich die Ärzte schließlich genötigt sahen, die Gebärmutter zu entfernen, um das Leben der jungen Mutter zu retten, wurde mitten in der Nacht der Chefarzt zu Hilfe gerufen. Doch er ordnete an, dass nicht operiert werden dürfe. Das würde die Patientin nicht mehr durchstehen. Er wählte einen anderen Weg, um unsere Enkeltochter zu retten, und ließ drei Bluttransfusionen gleichzeitig anlegen. So blieb unsere Enkelin am Leben.

Als der Chefarzt am nächsten Tag noch einmal ans Bett der jungen Mutter trat, nahm er ihre Hand und sagte: „Sie wissen schon, dass Ihr Leben an einem seidenen Faden hing. Aber Sie müssen einen starken Draht nach oben haben, sonst hätten Sie diese Tortur nicht überstanden."

Bei dieser Geburt wurde die Macht und Bewahrung Jesu deutlich. Heute ist unser Urenkel schon zwei Jahre alt und es geht der jungen Familie gut.

Mir war es auch immer wichtig zu beten, dass unsere Kleinen früh auf die Spur Christi kommen und ihn lieben lernen. Das war bei Familie Modersohn, von der ich jetzt erzählen will, genauso. Welch eine Freude erlebten sie, als ihnen am 24. Oktober 1902 nach drei Mädchen noch ein Sohn geschenkt wurde. Auf dem Neukirchener Abreißkalender stand an diesem Tag das Wort: „Ich werde nicht sterben, sondern leben und des Herrn Werke verkündigen." Sie sahen darin die Zusage für eine gute Wegbegleitung ihres Kindes. Sein Pate, der gesegnete Oberstleutnant von Knobelsdorff, schrieb ein halbes

Jahr nach dem ersten Geburtstag des Säuglings einen bedeutsamen kurzen Vers: „Du bist von deinen Eltern beiden erbetet, lieber kleiner Werner. Nun gilt's, sich für den Herrn zu entscheiden, der dich segnet fernerhin."

Aber solche Verheißungen bedeuten nicht, dass einem Kind Nöte und Leiden erspart bleiben. Das Baby litt unter Ernährungsstörungen, und schon nach einem Vierteljahr quälte den Jungen auch noch ein starker Husten. Oft fürchteten die Eltern, der Kleine könnte ersticken. Gerade in solchen Situationen riefen sie sich den biblischen Zuspruch vom Geburtstag des Buben ins Gedächtnis: „Ich werde nicht sterben, sondern leben."

Das Kind erholte sich nach dieser Krise. Es war der Keuchhusten, der ihren süßen Liebling so geplagt hatte. Aber es traten auch noch andere Beschwerden auf. Spät hat der Junge das Laufen gelernt. Erst nach zweieinhalb Jahren gelangen ihm die ersten Schritte und diese Überraschung geschah genau an Heiligabend. Für die Familie war dies das schönste Weihnachtsgeschenk. Sie knieten unter dem Tannenbaum nieder und dankten dem Christuskind dafür.

Aber die Modersohns erlebten noch größere Wunder mit Werner. Er wollte einmal mit in den Keller gehen und beim Tragen eines schweren Korbes helfen. Dabei fiel er unglücklich durch das Geländer geradewegs auf den Steinfußboden. Aber schnell stand der kleine Kerl wieder auf, als ob ihm nichts geschehen wäre. Und doch fing er kurze Zeit danach heftig an zu stottern. Er muss wohl einen kräftigen Schock bei dem Sturz erlitten haben. Die Eltern und Geschwister mussten viel Geduld aufbringen, wenn er ihnen etwas erzählen wollte. Wieder betete die Familie zu Gott und allmählich verbesserte sich sein Sprachvermögen.

Für den Jungen wurden die Eltern durch ihr vertrauensvolles Beten zum echten Vorbild. Er wusste: Auch ich darf mit Jesu Hilfe rechnen. Wenn er wieder einmal die Kellertreppe hinunterlaufen musste, sprach er jedes Mal das kurze Gebet: „Herr Jesus, ich danke dir, dass ich nicht wieder die Treppe hinunterfallen muss." Wie hilfreich ist ein solch großes Vertrauen zu Gott. Werner überwand seine Angst.

Auch bei jedem Essen, das die Mutter ihm gab, betete sie zuerst mit ihm. Schon früh lernte er kurze Tischgebete auswendig. Als sein Vater nach Bad Blankenburg versetzt wurde, zog die Familie von Mülheim Ruhr, wo es sehr viele rauchende Schornsteine gab, in das schöne waldreiche Land Thüringen um. Die Kinder blieben zunächst bei den Großeltern in Naumburg, bis die neue Wohnung eingerichtet war. Wenn Werner gefragt wurde: „Wohin verreist du?", antwortete er: „Zuerst nach Naumburg, dann nach Blankenburg und dann in den Himmel."

So ist es dann auch gekommen. Aber mehrere Jahre blieb das Kind den Eltern noch erhalten. Gott schenkte ihnen die wunderbare Sicht, dass Werner immer mehr auf die Spur des Glaubens fand. In der Morgenandacht las der Vater die Bibelstelle vor, die den Kleinen auf den Weg des Glaubens führte. Es war das Wort aus Johannes 13,35: „Daran wird jedermann erkennen, dass ihr meine Jünger seid."

„Papa", fragte er, „was ist eigentlich ein Jünger?"

Klipp und klar erklärte ihm der Vater diese Frage: „Ein Jünger ist ein Mensch, der dem Heiland nachfolgt und seinen heiligen Willen tun will."

„Dann sind wohl alle Menschen Jünger, nur der Teufel nicht", meinte er.

„Ach nein", lautete die Antwort des Vaters, „nicht alle Menschen sind Jünger, denn es gibt auch Leute, die wollen Jesus nicht nachfolgen. Sie sind auch nicht bereit, die Gebote Gottes zu achten."

„Papa, dann will ich aber, wenn ich groß bin, auch ein Jünger Jesu sein."

„Aber Junge, du brauchst nicht zu warten, bis du erwachsen geworden bist. Jesus hat gesagt: ‚Lasset die Kindlein zu mir kommen und wehret ihnen nicht, denn ihnen gehört das Reich Gottes.'"

„Ja, Papa, dann will ich auch ein Jünger werden. Aber wie soll ich das bloß machen?"

Da nahm ihn sein Vater in sein Zimmer und erklärte ihm: „Wenn du etwas Böses getan hast, dann darfst du das Jesus jetzt sagen. Er will dir alles verzeihen." So versuchte der Vater seinem Sohn zu erklären, wie er den Weg zu Gott gehen konnte. Dann betete er mit der Mutter und dem Kind und in schlichtem Gehorsam vertraute sich Werner Christus an.

Der Mutter flossen Tränen der Freude über die Wangen und sie musste denken:

„Nun hat Gott mein Gebet erhört, in dem ich schon vor der Geburt mein Kind dem Herrn ans Herz gelegt habe." Sie erlebte ein inniges Glück. Es gibt nichts Schöneres und Gewaltigeres, als wenn Kinder schon früh zu Jesus finden. Darin zeigt sich Gottes wunderbare Gnade. Dem großen Schöpfer ist ein kleines Wesen nicht unbedeutend. Er liebt es von ganzem Herzen, will es bewahren und auf seinem Weg begleiten.

Wenn Werner mit seiner Familie einen Spaziergang unternahm, versuchte er immer, in der Nähe der Mutter zu gehen. Dann bat er sie: „Mama, erzähl mir bitte eine Geschichte von Jesus. Ihn will ich immer besser kennenlernen." So machte die Mutter ihren Sohn mit der unbegreiflichen Liebe Jesu bekannt, dass er sogar am Kreuz für alle Menschen sein Leben gelassen hat.

Noch vor seiner Einschulung wurde Werner im Kindergottesdienst eine Bibel geschenkt. Lesen konnte er sie noch nicht, aber er fand immer Verwandte und Bekannte, die ihm daraus vorlasen. So wurde er mit den Geschichten des Alten und Neuen Testamentes bekannt. Manchmal lag der Junge auf dem Erdboden, hatte seine Bibel falsch herum auf der Brust liegen, legte die Finger auf die Linien und tat so, als ob er lesen könne. So entwickelte der Junge schon früh eine Liebe zum Wort Gottes.

Oft bat er auch seine Mutter, dass sie mit ihm beten solle. Seine Gebete waren kurz und bündig: „Lieber Herr Jesus, ich danke dir, dass ich die Bibel habe und sie mit meiner Mama lesen kann. Amen."

Werner war ein Frühaufsteher. Später, als er in der Schule das Lesen gelernt hatte, eilte er oft zu früher Stunde an Mutters Bett und zeigte ihr das Kapitel, das er gerade gelesen hatte. Die ersten Stunden eines jeden neuen Tages gehörten dem Herrn Jesus. Schon nach kurzer Zeit sah seine Bibel recht zerfleddert aus. Sein Vater ließ sie wieder neu einbinden. Viele Stellen, die ihm bedeutsam geworden waren, hatte er mit bunten Farben unterstrichen und auch auswendig gelernt. Er kannte besonders die Erzählungen des Neuen Testamentes ganz genau. Wenn seinem Lehrer im Religionsunterricht ein kleiner Fehler unterlief, dann korrigierte er ihn.

Werner nahm auch gern an den Andachten teil, die jeden Sonntagmorgen im Allianzhaus gehalten wurden. Sicher konnte er nicht alles verstehen, was hier gepredigt wurde, aber doch grub sich das Wort Gottes tief in sein Herz ein. Er war so gut in seiner Bibel bewandert, dass er meist als Erster die angegebenen Stellen aufgeschlagen hatte. Das Schönste daran war, dass das Reden Jesu tiefe Wurzeln in sein Leben gesenkt hatte.

Aber auch das Singen der Choräle machte ihm großen Spaß. Seine Stimme war laut und kräftig. Sein Lieblingslied hieß: „O Gott sei gelobt." Vor allem jubelte er laut, wenn es am Schluss der Strophe hieß: „Halleluja, sei gepriesen, halleluja! Amen. Halleluja, sei gepriesen! Herr, segne uns jetzt."

Aber am allerliebsten sang er das Lied „Im Himmel ist's wunderschön."

Kein Mensch ahnte, wie bald dieses Kind die Herrlichkeit bei Gott erleben und in den Chor der Engel einstimmen würde. Ihm lag es auch am Herzen, dass seine Schulkameraden das Wort Gottes hören sollten. Gern lud er sie in den Kindergottesdienst ein. Er holte sie auch oft von zu Hause ab und so wuchs der Kreis der Kleinen. Manchmal bat er auch seine Mutter zu sich, um ihnen ein Bibelstündchen zu halten. Er sang mit ihr in dieser Runde erst ein Lied, las einen

Psalm und dann bestand seine Predigt aus nur zwei Sätzen: „Der Herr Jesus hat dich lieb. Er sieht dich immer." Er wollte Zeuge seines Herrn sein und später Missionar werden.

Zu seiner Mutter pflegte er ein besonders inniges Verhältnis. Einmal war er krank und musste das Bett hüten. Da schrieb er ihr einen lieben Brief:

„Geliebte, liebe, allerliebste Mutter!
Ich bin ein bisschen traurig, dass ich allein sein muss, aber der Heiland ist ja doch bei mir. Da bin ich nicht ganz allein, ich muss nur immer auf ihn schauen und vertrauen. Kannst du wohl so freundlich sein und nachher sagen, dass ich bald aufstehen darf. Es ist doch so schön, wenn man sein Herz ihm geschenkt hat. Hoffentlich kommt der Teufel nicht und nimmt es ihm wieder fort. Hoffentlich kommst du bald wieder, ich habe nämlich richtigen Hunger. Darf ich heute aufstehen? Ich möchte so gerne eine Bibel bei mir haben. Erlaubst du, dass Alfred sie mir gleich bringt? Sie liegt in der Wohnstube auf dem kleinen Korbtisch neben der Veranda. Du weißt doch schon wo. Ich weiß leider

nichts mehr, was ich schreiben kann. Deshalb will ich schließen.
In herzlicher Liebe und Treue bleibe ich dein Sohn."

Obwohl er noch so jung war, hatte er es sich zur Aufgabe gemacht, für Menschen in Not zu beten. Vor allen Dingen gehörten den armen Kindern sein Herz und seine große Liebe. Es freute ihn, dass Schwester Eva von Tiele-Winckler für die Waisen ein schönes Haus eingerichtet hatte. Für den Warteberg, wie diese Heimstätte genannt wurde, versuchte er durch kleine Botengänge Geld zu verdienen. Wenn in Bad Blankenburg die Konferenzen abgehalten wurden und viele Gäste anreisten, holte er sie am Bahnhof ab, zeigte ihnen den Weg zum Allianzhaus und trug ihnen die Taschen und Koffer. Jeden Pfennig, den er dafür erhielt, spendete er für Schwester Eva. Ihm war es eine Freude, diesen Dienst tun zu dürfen.

Er war auch ein treuer Beter. So faltete er seine Hände für die blinde Ruth in der Südsee, für die kleine Witwe in Indien und für Ared und Wartan im Armenhaus.

Werner war ein glückliches, sonniges

Kind. Sein Lebensweg in die Mission schien vorgezeichnet zu sein. Aber es kam alles ganz anders. Missionsarzt konnte er nicht werden, weil er nämlich schwer krank wurde. Mit Erbrechen fing es an. Er hatte sich aber nicht einen verdorbenen Magen eingehandelt, sondern litt an einer Entzündung der Nieren. Seine Eltern, die in weiter Ferne Erholung suchten, wurden nach Hause gerufen. Sie mussten die lange Reise zurück antreten und trafen ihren Sohn von der schweren Krankheit gezeichnet daheim an. Seine Kräfte verfielen zusehends. Auch seinen Lebensmut hatte er verloren. Ganz elend lag er in seinem Bett. Einmal nahm er allen Mut zusammen und betete: „Jesu, dir leb ich, Jesu, dir sterb ich, dein bin ich tot und lebendig. In Ewigkeit hat er uns erlöst!" Seine Mutter kämpfte mit den Tränen. Als Werner das wahrnahm, sah er sie lange an und sagte: „Friede sei mit dir!" An einem Tag sah es besonders notvoll aus und man wusste gar nicht, ob er seine Eltern und Geschwister noch erkennen konnte. Da fragten sie ihn: „Kennst du den Herrn Jesus?"

Fast vorwurfsvoll klangen seine Worte. „Den Herrn Jesus kenne ich wohl!" Die Betonung lag auf dem Wort wohl. Einmal schien sein Blick ganz verklärt. Er schaute zum Himmel und sagte: „Ach, ist das wunderschön!" Da schaute er mit seinen Augen und mit seinem Herzen schon die Herrlichkeit Gottes. An seinem letzten Tag, es war morgens um acht Uhr, hörte sein Herzschlag auf. Draußen war der Frühling eingekehrt, es war der 24. Mai. Die Vögel sangen ihr Lied in den Himmel. Im Sterbezimmer aber war es ganz still. Sein kleines Herz musste sich nicht mehr plagen. Die Eltern, Großeltern und seine Tante knieten am Bett nieder und dankten Gott unter Tränen, dass er alles wohlgemacht und nun ihren Sohn in das himmlische Reich aufgenommen habe. Ihn quälten jetzt keine Schmerzen mehr, sondern sein bester Freund Jesus hatte ihn zu sich genommen.

Es war ein herrlicher Maientag, als die Glocken für seine Beerdigung läuteten. Der weiße Sarg war mit vielen Blumen und Kränzen geschmückt. Die Kinder von der Sonntagsschule sangen ihm sein Lieblingslied. Der Vater predigte am Grab über das Wort: „Die mich frühe suchen, finden mich!" Die Eltern und Geschwister aber wussten: Werner ist nicht tot, sondern er lebt beim Herrn.

Sein jüngster Bruder betete: „Herr, ich danke dir, dass du Werner zu dir genommen hast in deine wunderbare Herrlichkeit, wo es so schön ist."

Die Eltern aber falteten ihre Hände, immer wenn sie am Grabhügel standen: „Herr gib, dass dies kleine Samenkorn, das wir hier in die Erde gesenkt haben, reiche Frucht bringt. Dass sich durch das Lesen seiner Lebensgeschichte Menschen zu dir bekehren, Kinder und Erwachsene, damit unser Werner, obwohl er gestorben ist, dir doch noch viele Menschen zuführt. Amen!"

Das Mittagsgebet

Heute habe ich mich besonders über unser Urenkelchen gefreut. Jonathan ist noch keine zwei Jahre alt und gerade dabei, das Sprechen zu lernen. Er hat seine eigene Art gefunden, die Worte zu formulieren. Meist benutzt er nur die beiden ersten Buchstaben, manchmal aber auch nur einen. Aber wir verstehen schon ganz gut, was er sagen will, wenn er Pa oder Ma oder O sagt, was Opa bedeutet.

Wir sind bei unserer Tochter zum Mittagessen eingeladen. Der große Tisch in der geräumigen Veranda ist weit ausgezogen – wir sind eine große Familie. Bis jeder seinen Platz eingenommen hat, geht es geräuschvoll zu am Tisch. Jonathan dauert das viel zu lange. Da ruft er laut zu uns herüber: „Be", und faltet seine kleinen Händchen. Alle begreifen: Das bedeutet beten. Jetzt wird es schnell still. Nun kann der Hausherr das Tischgebet sprechen, und laut ruft Jonathan Amen in den Raum! Dieses Wort bringt er schon vollständig über seine Lippen.

Wie sehr freut es mich, dass der Kleinste in unserer Mitte uns zum Beten einlädt. Das deutliche Amen aus Kindermund lässt mein Herz jubeln. Der kleine süße Kerl wird noch viele Worte in seinem Leben lernen müssen, aber Amen ist ihm wichtig und das erste Wort, das er vollständig sprechen gelernt hat. „Mein liebster Schatz", muss ich denken, „behalte dieses Wort fest in deinem Gedächtnis. Vor jedem Bissen, den dein kleiner Mund aufnimmt, denke daran: Gott versorgt uns bestens. Vergiss nie dafür zu danken. Du sollst wissen: Noch bevor du geboren wurdest, haben wir dich von Gott erbeten, und nun dürfen wir dich als unseren Liebling in unserer Mitte haben. Welch ein Gottesgeschenk!"

Einen Vers habe ich tief in mein Gedächtnis eingeschrieben. Jesus selbst hat ihn uns gesagt: „Lasset die Kindlein zu mir kommen und wehret ihnen nicht, denn ihnen gehört das Reich Gottes." Welch herrliche Verheißung für unsere große Kinderschar und welche Freude!

Baumgeld – ein etwas seltsames Geschenk

Heute habe ich von meiner Enkeltochter gehört, dass sie Kummer mit einem Bienenschwarm hat. In der Höhle einer riesigen, großen Esche, die vor ihrer Terrasse steht, haben sich die eifrigen Honigspender ihre Behausung gesucht und auch gefunden. Für den kleinen zweijährigen Jonathan stellen die Bienen eine Bedrohung dar. Er traut sich nicht mehr, im Garten zu spielen, weil ein solcher Bienenstich doch sehr wehtut. Irgendwie will sein Vater jetzt Abhilfe schaffen und bittet einen Imker, die Bienen in ein anderes Quartier zu verfrachten. Dieser Herr kommt auch gleich am anderen Tag, aber der Versuch misslingt ihm. Zu tief ist die Höhle, in die sich die Tiere eingenistet haben, und so kann er sie nicht einfangen. Aber etwas anderes fällt ihm auch auf. Scheinbar ist die Esche von einem Pilz befallen und droht, nach und nach ihre Zweige und Äste abzuwerfen. Er benachrichtigt das Grünamt, das sofort einen Beamten schickt.

Dieser ordnet an, dass der Baum am besten gefällt wird, denn der Pilzbefall ist schon weit fortgeschritten und das Geäst und die vielen morschen Teile am Stamm stellen eine Gefahr für die Bewohner dar. Beim nächsten starken Sturm könnte der morsche Baum das neue Haus beschädigen und auch Menschen verletzen. So bleibt nur die Maßnahme, den riesengroßen Baum zu fällen.

Auf unsere Enkeltochter und ihren Mann kommen nun hohe Kosten zu, denn diese Aufgabe muss ein Fachmann übernehmen. Außerdem müssen die beiden auch einen neuen Baum pflanzen, was auch nicht ganz billig wäre. Sie wohnen gerade mal erst seit einem Jahr in ihrem schönen Haus. Finanziell geht es ihnen nicht gerade gut, da der Mann unserer Enkelin noch sein Medizinstudium fertig bringen muss. Über tausend Euro sind für das Fällen nötig. Die beiden überlegen hin und her, finden aber zu keiner Lösung.

Mein Mann und ich kamen überein, unseren Enkelkindern zu helfen. Sofort legten wir mehrere Geldscheine in einen Umschlag mit einer schönen Spruchkarte dazu. Auf den Brief schrieben wir „Baumgeld" und warfen ihnen diese Gabe abends in den Briefkasten. Eine Fröhlichkeit überkam mich, als ich daran dachte, dass sie morgen früh die Überraschung finden würden.

Ich selbst habe auch viel Freundlichkeit und Hilfe erlebt, als unsere fünf Kinder noch klein waren und wir gebaut haben. Mein Vater hat uns manchen Geldschein zukommen lassen. Zum Einzug hat uns die Oberin des Diakonissenhauses einen mächtigen Korb mit Äpfeln, Birnen, Möhren, Kraut, Bohnen und Gurken geschenkt. Mindestens 14 Tage reichten die herrlichen Früchte für unsere große Familie. Ein Bekannter brachte unsern beiden Großen ein frisch repariertes Kinderfahrrad mit und von Freunden erhielten wir zum Einzug gute gebrauchte Möbel. Das war uns allen eine wunderbare Hilfe.

Wenn Mütter weinen

Es gibt Tage, manchmal sind es nur ein paar Stunden, in denen Hiobsbotschaften auf uns herabprasseln und uns Hören und Sehen vergehen wollen. Gestern war für mich solch ein Tag. Unsere Enkeltochter erwartete ein Baby. Da schon zweimal vorher bei den Geburten dramatische Ereignisse eingetreten waren, ängstigte sich mein Herz. Wie würde es diesmal gehen? Zwei Urenkel hatte Gott schon in seine neue Welt heimgeholt. Das war uns damals ein großer Schmerz.

Zugleich erreichte uns noch ein notvoller Anruf, dass ein anderer Urenkel plötzlich schwer erkrankt sei. Ich erfuhr, dass der Kinderkardiologe bei dem Säugling, der gerade mal vier Wochen alt war, einen künstlichen Herzstillstand hervorrufen musste, um sein kleines Herz wieder zum gleichmäßigen Schlagen zu bewegen. In der Kinderklinik erhielt der Säugling Infusionen und die Ärzte waren froh, als der kleine Mann die ganze Prozedur so gut wegsteckte. Nun musste er aber noch 14 Tage stationär auf der Intensivstation bleiben, damit festgestellt werden konnte, wodurch dieser notvolle Schaden entstanden war und welche Medikamente ihm helfen würden.

Diese Nachrichten gestern haben mich in Unruhe und Traurigkeit versetzt und manchmal flossen mir auch Tränen über die Wangen. Mich tröstete aber zugleich, dass ich in solch bedrängenden Situationen Christus an meiner Seite weiß. Ihm sind solche Kümmernisse nicht fremd geblieben. Und so darf auch ich wissen, dass er sich meiner Schmerzen und Nöte annimmt und mich nicht in meinen Gefahren allein lässt. Segnend und helfend will er seine Hand auf mich legen und mir die Jahreslosung für 2016 noch einmal ganz eindringlich zurufen: „Ich will dich trösten, wie einen seine Mutter tröstet." Wie dankbar darf ich sein, dass ich solch einen Heiland und Helfer an meiner Seite weiß.

In schmerzvollen Situationen darf ich aber auch an meine Glaubensgeschwister denken. Es ist gut, sie anzurufen und sie zu bitten: „Betet für mich!" Wenn ich dann Gottes Hilfe erfahre, darf ich sie in meine Freude mit hineinnehmen und meinem Herrn danken für seine großen Taten. Bald werde ich meine beiden Urenkel Joschua und auch Karlo wieder auf den Arm nehmen und mich an Jesu wunderbare Taten erinnern lassen.

An die Passionszeit muss ich oft denken. Christus war sich dessen bewusst, was auf ihn zukam. Er nahm zu sich Petrus und zwei Söhne des Zebedäus und ging in die Stille, um diesen ungeheuren Sterbensweg zu durchkämpfen. Die Jünger aber ließen Jesus im Stich. Sie fielen in einen tiefen Schlaf, während ihr Herr und Meister alle bevorstehenden Todesqualen allein durchstehen musste. Sogar der Gottessohn war angesichts des Leidensweges nach Golgatha verzagt, elend und unheimlich traurig. Er verstand es gar nicht, dass Petrus und die anderen beiden Jünger ihm in seinem enorm schwierigen Gebetskampf nicht beistanden, sondern in Schlaf verfielen. Und danach erfolgte dann die Gefangennahme. Einer seiner Jünger, Judas, war der Erste unter den Schergen. Er kam auf ihn zu und gab seinem Herrn und Meister einen Kuss, mit dem er seinen Herrn den Verrätern in die Hände spielte. Es folgten nun für unseren Erlöser das Verhör und die schändlichen Torturen durch die Soldaten mit Schlägen, Hohn und Spott. Jesus musste zuhören, wie das Todesurteil über ihn ausgesprochen wurde. Dann ging er den Weg bis nach Golgatha, um dort ans Kreuz genagelt zu werden.

Als er dann auf dem Todeshügel Qualen erlitt, entdeckte er unter den Zuschauern auch seine Mutter. Wie muss ihm da sein Herz geblutet haben. Um ihn, den gekreuzigten Gottessohn, musste sie solches Leid ausstehen. Jesus musste die Tränen seiner Mutter mit ansehen und bat Johannes, seinen Lieblingsjünger, sich ihrer anzunehmen und für sie zu sorgen.

Und so darf auch ich wissen, dass er sich meiner Schmerzen und Nöte, die ja längst nicht so bedrängend sind wie seine, annimmt. In meinen Kümmernissen lässt er mich nicht allein. Ganz neu begreife ich, welch wunderbarem Herrn ich angehören darf. Darüber wird mein Herz von tiefer Dankbarkeit, Liebe und Freude ergriffen.

Erbgeschichten, die uns in Nöte bringen

Heute Abend besuchte mich ein Ehepaar aus einem Dorf in der Nähe von Marburg. Die beiden wollten sich nur einige Weihnachtsbücher abholen, die gerade im Verlag gedruckt worden waren und nun zum Teil auf meinen Regalen lagerten. Diese Bücher wollten sie in ihrer Nachbarschaft zum Advent verteilen. Ein ganzes Jahr hatte ich meine Freunde nicht gesehen und so freute ich mich auf die Begegnung mit ihnen.

Es wurde ein recht langer Abend. Erst nach und nach rückte Frau Bauer, so will ich sie hier nennen, mit ihren Problemen heraus. Es ging um eine Erbschaft. In der Familie hatte es viel Streit über dieses Problem gegeben. So begann Frau Bauer das Gespräch: „Wir sind in unserer Verwandtschaft drei Schwestern. Die jüngste, Katharina, war schon immer Papas Liebling. Sie ist fast 12 Jahre nach mir geboren. Damals war meine Mutter von der Geburt ihrer Tochter total überrascht. Aber als der kleine Schatz das Licht der

Welt erblickt hatte, war ihre Freude groß. Mit ihren 42 Jahren hatte meine Mutter die Geburt sehr gut überstanden und hielt nun ein kräftiges Mädchen in ihren Armen. Eine überaus herzliche Fürsorge für das Neugeborene setzte ein. Fast vergaß sie darüber, dass sie ja noch zwei andere Kinder hatte. Ihrer Katharina galt ihre ganze Liebe und so blieb es auch über viele Jahre.

Später bauten die Eltern für ihre Jüngste ein wunderschönes Haus und zogen selbst im Erdgeschoss ein. Sechs Jahre lebte der Vater, vom Schlaganfall gelähmt, noch mit der Familie zusammen und wurde von seiner Tochter gut betreut und versorgt, bevor er starb. Kurz vor seinem Tod bestellte er einen Notar und verfügte über sein Vermögen in einem Testament. Darin aber wurde nur Katharina als Erbin des Hauses eingetragen. Die beiden andern Schwestern, Irene und Agathe, wurden gar nicht erwähnt. Nach nur einem Jahr brauchte auch die Mutter intensive Pflege, die Katharina nicht zu leisten vermochte. So suchte sie ein geeignetes Pflegeheim für sie.

Der Konflikt in der Familie begann mit dem Tod der Mutter, als das Testament in

Kraft trat. Darin wurde nun allen offenbar, dass nur Katharina die Erbin des großen Vermögens der Eltern war und die Namen der beiden anderen Schwestern keine Erwähnung fanden. Dagegen legten Irene und Agathe Protest ein. Ein Anwalt sollte die Erbstreitigkeiten aus der Welt schaffen, denn außer dem wunderschönen, großräumigen zweistöckigen Haus gehörte auch noch ein Sparbuch mit einem beträchtlichen Vermögen zum Erbe. Die Auseinandersetzung darüber nahm ihren Anfang. Der Rechtsanwalt aber zog die ganze Sache in die Länge. Darüber verflossen mehr als zwei Jahre. Er sei überlastet mit anderen Prozessen und könne ihren Konflikt nicht so schnell in Angriff nehmen, erklärte er ihnen. Daraufhin entzogen sie ihm das Mandat und suchten sich eine neue Anwältin. Allerdings mussten sie ihm schon über tausend Euro bezahlen.

Das Gerangel um das Vermögen und das Haus nahm nun seinen Fortgang. Die drei Schwestern mit ihren Familien gerieten so in einen Streit, dass sie sich bei Begegnungen auf der Straße nicht mehr grüßten. Harte Auseinandersetzungen waren die Folge. Im Ort sprach sich diese Streiterei herum und hinter dem Rücken der Familien wurde gemunkelt: „Die frommen Kirchgänger zanken sich nun mit ihrer jüngsten Schwester."

Sie wollten erneut vor Gericht ziehen. Alle Beteiligten litten unter diesem Gezerre. Irene hatte schon viel Geld für die beiden Anwälte bezahlen müssen, und doch war noch immer kein Ende dieser Erbauseinandersetzung abzusehen, da die jüngste Schwester sich weigerte, die Karten über das Vermögen offen auf den Tisch zu legen. Sie beteuerte, keine Unterlagen der Eltern über ein Sparbuch zu besitzen. So wurden schließlich die Familienbande völlig auseinandergerissen. An die Stelle von Frieden und Eintracht traten Hass und gegenseitige Beschimpfungen. Je länger sich dieser Zwist hinzog, desto mehr Geld forderten die Anwälte und das Gericht. Auf dem Haus lastete außerdem immer noch eine hohe Hypothek und es war nicht auszumachen, wo das viele ersparte Geld der Eltern hingeflossen war.

Aufmerksam hatte ich diesem Gespräch zugehört und mich interessierte es, wodurch diese Bevorzugung der jüngsten Tochter zustande gekommen war. Das konnte mir Frau Bauer leicht erklären. Katharina war von jeher der Liebling der Eltern gewesen. So meinte die Mutter, dass die Kleinste besonderen Schutz und Versorgung brauchte, zumal der Altersunterschied zwischen den Geschwistern mehr als zehn Jahre betrug. So entstand eine völlig falsche Bevorzugung des Nachkömmlings. Anstatt alle drei Kinder gleich zu behandeln, stand die Jüngste immer im Mittelpunkt. Solch eine Erziehung kann in einer Katastrophe enden. Neid und Zwietracht halten Einzug in das gemeinsame Familienleben, das eigentlich von Liebe geprägt sein müsste.

Mir wird durch solche Beispiele bewusst, wie viel Not dadurch entstehen kann. Frau Bauer war Christin und litt unter dem hässlichen Gerede im Dorf. Schließlich quälten sie Depressionen. Für mich war es hier schwer, helfend einzugreifen. Mir wurde neu klar: aller Reichtum, alles Geld und alles Vermögen werden uns sowieso am Ende unseres Lebens aus den Händen genommen. „Das letzte Hemd hat keine Taschen", so sagt es ein altes Sprichwort. Aber es ist auch nicht leicht, einen Menschen zum Verzicht zu bewegen, Unrecht zu erdulden, nur um des lieben Friedens willen.

Mir steht es auch klar vor Augen, dass es in unserer Welt keine Gerechtigkeit gibt. Wie viel Elend, Schmähungen, Schläge und Misshandlungen, ja schließlich den Tod auf Golgatha hat Jesus ertragen müssen. Wir ahnen nur in etwa, was er in seiner Seele erleiden musste, und begreifen kaum, was er am Kreuz ertragen hat. Und doch betete er die versöhnenden Worte: „Vater, vergib ihnen, denn sie wissen nicht, was sie tun." Allein in der Vergebung liegt für uns Ruhe, Heilung, Frieden und Segen. Ich weiß, dass es sehr schwer ist, wenn wir gedemütigt, ja verachtet werden, wenn Menschen üble Gerüchte über uns in die Welt setzen. In solchen Situationen will ich dem Beispiel Jesu folgen und beten: „Vater, vergib ihnen." Das geht nicht ohne Schmerzen und Weh für uns ab, und doch erreichen wir dadurch das Allerschönste, die Aussöhnung mit dem Bösen und die Heilung von unseren Belastungen im Leben. Vor hässlichen Rachegefühlen, Hass und innerer Zerrissenheit werden wir dadurch bewahrt.

Diese Wahrheit versuchte ich Frau Bauer zu vermitteln und beschloss unser Gespräch mit einem Gebet. Nun liegt es ganz in ihren

Händen, wie sie mit diesem Erbstreit um-
geht.

Ein ermutigender Anruf

Heute am 1. September ist mein neues Weihnachtsbuch für 2016 bei mir auf dem Schreibtisch gelandet. Es ist vom Verlag wunderschön gestaltet und trägt den Titel „In meinem Herzen wird es Weihnachten". Noch einmal nehme ich es in die Hand und lese die 16 spannenden Weihnachtsgeschichten. Lange habe ich an dem Manuskript gearbeitet, bis ich es an den Verlag zum Drucken übergeben konnte. Noch einmal freue ich mich an den wahren Berichten, in denen uns das Geheimnis der Christnacht fröhlich stimmen wird. Nun will ich dieses Buch meinen vielen treuen Lesern bekannt machen und greife zum Hörer. Eine Frau – sie stammt aus Kasachstan – ist über meinen Anruf erfreut.

„Schon lange wollte ich mit Ihnen sprechen", gibt mir die Frau zu verstehen, „aber oft habe ich Sie nicht angetroffen. Nun bietet sich die Gelegenheit, endlich mit Ihnen zu reden. Vor drei Jahren hatte ich schon einmal ein längeres Gespräch mit Ihnen geführt. Es ging um meinen Sohn Sebastian. Er durchlebte damals eine schwierige Zeit und ich litt auch mit ihm. Er war so aufsässig, gab mir viele Widerworte, schluderte in der Schule und mit seinen Leistungen ging es immer mehr bergab. Am meisten aber machte es mir zu schaffen, dass er nicht mehr mit mir die Gottesdienste besuchte. Auch von seinen Freunden, die er hatte, war ich nicht angetan. Sie waren nicht der rechte Umgang für unseren Jungen. Ich begriff nicht, wie schnell sich ein Kind zum Negativen entwickeln kann, und war total ratlos.

Sie haben mir in meiner schwierigen Lage gut geholfen. Das Gespräch mit Ihnen bewegt mich noch immer. Ein Satz, den Sie mir zugerufen haben, ist mir noch stark im Gedächtnis geblieben. So ermutigten Sie mich: ‚Bitte sagen Sie nie zu Ihrem Kind: Du enttäuschst mich.‘ Zeigen Sie ihm besonders in der Pubertät Ihre herzliche Liebe, auch wenn sein Verhalten Sie jetzt auf die Palme bringen könnte. Natürlich ist Konsequenz in der Erziehung angesagt, und das ist nicht immer leicht durchzuhalten. Ein Ja bleibt ein Ja und eine Nein ein Nein. Aber geben Sie ihm nicht allzu viele Befehle, sondern räumen Sie ihm viel Freiheit ein. Zeigen Sie ihm außerdem durch kleine und große Liebesbeweise, wie bedeutsam er ihnen ist. Liebe hat nämlich immer verwandelnde Kraft."

Noch einmal überlege ich im Stillen, wie das in unserer Familie war. Damals habe ich viele gute, aber auch schwierige Erfahrungen mit meinem Nachwuchs gemacht. Meine Fünf waren nicht immer leicht zu bändigen. Natürlich weiß ich auch um mein Versagen, meine Ungeduld, mein Schimpfen und manchmal auch Schreien. Mir hat dann oft geholfen, dass mein Mann zu mir sagte: „Lotte, halte die Bälle flach." Im Umgang mit meinen Fünfen habe ich auch oft lernen müssen, mich zu entschuldigen, und ich weiß, dass mir dabei kein Stein aus der Krone fällt. Erziehung ist die schwerste Aufgabe, in die wir als Eltern gestellt sind. Aber ich habe auch erlebt, dass ich die Hilfe Jesu reichlich erfahren habe.

Besonders wichtig war es mir, täglich für alle meine Großen und Kleinen die Hände zu falten. Christus ist nämlich immer der beste Freund an meiner Seite. Ich habe auch begriffen, für meine Kinder zu kämpfen, wenn sie in der Schule ungerecht behandelt wurden, aber immer in gemäßigtem Ton und in sachlicher Weise. Viel Zeit habe ich in meine Kinder investiert und habe es vermieden, nachmittags zu Geburtstagen oder Kaffeekränzchen zu gehen. Der Nachmittag gehörte vor allen Dingen meinen Schulkindern. Wahrscheinlich habe ich nach meiner Schulzeit mehr Diktate und Aufsätze mit ihnen geübt und manchen Aufsatz ihnen auch vorgeschrieben, als während meiner eigenen Schulzeit.

Manchmal habe ich mich auch geärgert, wenn dann meine Arbeit von den Lehrern nur mäßig beurteilt wurde, obwohl ich mir natürlich viel Mühe gegeben hatte, aber beschweren konnte ich mich darüber nicht. Nur einmal habe ich bei einem Aufsatz zum Thema *Mein schönstes Weihnachtserlebnis* Lob erhalten. Es war auch eine dramatische Geschichte, die ich da für meine Tochter schrieb, und doch hatte sie einen guten Ausgang.

Mir war es auch ein Anliegen, dass unsere Kinder viele Freunde hatten. Waren die Schulaufgaben ordentlich erledigt, dann konnten sie sich im Schwimmbad oder auf dem Fußballplatz tüchtig austoben. Nur an freien Samstagen mussten sie mir im Garten und auch bei der Hausarbeit helfen. Das ging nicht immer ohne Protest ab, aber in diesem Punkt duldete ich keinen Widerspruch. Ein Satz meines Sohnes ist mir im Gedächtnis geblieben, als ich ihn an einem Samstagmorgen aus dem Bett geholt hatte: „Mama, du beutest uns aus!", brüllte er laut im Garten. Was mögen nur die Nachbarn von mir gedacht haben, die nebenan ihre Beete umgruben? Aber ich brauchte die Hilfe der Kinder in meiner Familie, und ich weiß, dass Arbeit nicht schändet. Das habe ich selbst von meinem Vater gelernt.

Nun sind meine Söhne und auch meine Tochter selbst verheiratet und haben Nachwuchs. Meine Erziehungsaufgabe ist längst beendet und mit meinen Ratschlägen mische ich mich nicht in ihre Erziehungsaufgaben ein. Eins aber ist mir geblieben: das Gebet. Täglich falte ich die Hände für alle meine Familienmitglieder. Einschließlich der Urenkel sind es bisher 32. Ich vertraue sie alle Jesus an, die Großen und die Kleinen.

Eine seltsame Frage

Heute wurde ich mit einer etwas merkwürdigen Frage am Telefon überrascht. Eine ältere Dame meldete sich bei mir: „Lebt denn Ihr Mann nicht mehr, Frau Bormuth? Ich lese gerade eines Ihrer interessanten Bücher und da erzählen Sie von einer entsetzlichen Traurigkeit, die Sie über mehrere Wochen in Schach hielt."

„Doch", antwortete ich meiner Anruferin, „mein Mann steht mir noch zur Seite und in wenigen Monaten werden wir diamantene Hochzeit feiern." Ich bin Gott sehr dankbar, dass er uns nun schon sechzig Jahre in der Ehe erhalten hat. Für mich ist dies ein großes Geschenk, das nicht vielen Eheleuten zuteilwird. Aber das gute und herzliche Miteinander schließt nicht aus, dass es auch Zeiten gibt, in denen wir von schweren Schicksalsschlägen getroffen werden. Das habe ich auch erfahren müssen und wusste oft nicht, wie ich meine bedrohten Tage durchstehen sollte.

Vor etwa 45 Jahren fuhr ich über drei

Wochen lang jede Nacht in das Stadtkrankenhaus von Kassel, um meiner schwerverletzten Schwester in ihrer Not beizustehen. Tagsüber war Lilli, meine jüngste Schwester, an der Reihe, die diese Aufgabe übernahm. Wer durch ein Zugunglück so schwer verletzt wird, dass es kaum Überlebenschancen gibt, wird mir recht geben. Ein solches Unheil ist nur schwer zu verkraften. Nach einer solchen Nacht bei meiner Schwester kam ich erschüttert nach Hause und war verzweifelt. Ich konnte ihr Elend, den Schmerz und das Schreien nicht einfach von mir abschütteln wie den Staub von meiner Kleidung. Mit meinen seelischen Kräften war ich am Ende. Nach diesen ersten drei Wochen fuhr ich dann anschließend drei Jahre lang mindestens einmal in der Woche an das Krankenbett von Grete, um sie zu trösten, mit ihr zu beten oder ihr geistliche Lieder vorzusingen.

Zwei Züge waren ineinandergerast, hatten 13 Fahrgäste in den Tod gerissen und viele Verletzte waren in die Kliniken gebracht worden. Grete gehörte zu den Schwerverletzten und hatte als einziger Passagier im letzen Wagen diesen Zusammenstoß überlebt. Ich habe noch nie so oft zu Gott um

Hilfe geschrien wie in diesem Krankenzimmer. Meine Schwester war erst 35 Jahre alt und Mutter von zwei Teenagern. In den Psalmen habe ich nach Trost gesucht und zu Gott gefleht:

„Gott, hilf mir, denn das Wasser geht mir bis an die Kehle. Ich versinke im tiefen Schlamm, wo kein Grund mehr ist; ich bin in tiefe Wasser geraten und die Flut will mich ersäufen. Ich habe mich müde geschrien, mein Hals ist heiser. Meine Augen sind trübe geworden, weil ich so lange auf meinen Gott harren muss."

Drei Jahre musste Grete Weihnachten im Krankenhaus feiern. Und doch habe ich es wie Hiob erlebt, der am Ende allen Leidens ausrufen konnte: „Ich weiß, dass mein Erlöser lebt!" Diese Zeit war für mich zu einer meiner schwersten Anfechtungen geworden. Dieses Schockerleben, in ein schweres Eisenbahnunglück zu geraten, hat auch in mir tiefe Spuren hinterlassen, zumal mein Vater zeitgleich wegen einer Krebserkrankung in derselben Klinik behandelt wurde, für ihn aber keine Überlebenschancen bestanden. Traurigkeit gehörte damals fast jeden Tag in mein Dasein.

Aber im Nachhinein habe ich erkannt, dass Elend und Enttäuschungen durch andere Menschen mein Herz empfänglicher machen, um für das Leid anderer da zu sein. Darin liegt ein stiller, geheimer Segen. Ich kann durch seelische Erschütterungen auch mal zu Fall kommen, aber dann gilt es wieder aufzustehen und nicht liegen zu bleiben.

Diese Erfahrungen waren für meine Anruferin einsichtig. So erzählte sie mir auch vieles aus ihrem Leben. Kindheit und Jugend waren bei ihr nicht vom Glück überstrahlt. Die Eltern ließen sich früh scheiden und so fühlte sie sich oft unbehaust und schrecklich einsam. Sie sehnte sich nach einem erfüllten Dasein, aber in ihren vielen Vergnügungen und ihren oberflächlichen Beziehungen war dies nicht zu erlangen. In dieser Zeit wurde ihr auch das Rauchen zu einer Sucht.

Auch beruflich kam sie nicht gut voran. Gedanken der Ratlosigkeit und des Suizid ließen sie fast verzweifeln. So sagte sie sich: „Es gibt Milliarden von Menschen auf dieser Erde. Warum sollte es auf mich ankommen? Eines Tages wird man mich tot auf einer Halde finden und kein Hahn wird nach mir krähen. Ich bin maßlos enttäuscht. So sehe ich nur noch im Selbstmord einen Ausweg.

Aber Gott wollte, dass ich leben sollte. Noch ahnte ich nicht, dass er auf der Suche nach mir war. In der Schweiz begegnete er mir auf eine etwas seltsame Weise. In den Straßen von Basel traf ich auf eine Gruppe junger Christen. Sie verteilten Traktate. An den Schaufenstern hatten sie Einladungen zu einer evangelistischen Vortragsreihe aufgehängt. Pastor Schürenberg aus Nürnberg war der Redner. Auch mich luden die jungen Leute freundlich ein.

Heute kann ich nur sagen: Gott zog mich mit Seilen der Liebe in seine Nähe. Durch das Evangelium wurde ich in die Gemeinschaft mit Jesus gebracht und erlebte eine klare Bekehrung. In einem langen seelsorgerlichen Gespräch wurde ich bereit, in die Nachfolge Christi zu treten. Nach dem Bekenntnis meiner vielen Sünden übereignete ich mich ihm. Noch heute staune ich über Gottes unermessliche Gnade, die mich aus dem ganzen Schlamassel meiner verdorbenen Jugend herausholte. Ich erkannte, dass ich für den Himmel geboren war. Eine völlig neue Erkenntnis umstrahlte mich.

Früher war ich wie ein geknicktes Rohr, aber jetzt wurde ich wieder aufgerichtet. Mein glimmender Docht flammte wieder auf und gab mir Licht für einen neuen Lebensweg. Das zeigte sich auch im Bemühen um eine neue Berufsmöglichkeit. Arbeitslos war ich gewesen, aber nun erhielt ich als Ausländerin in der Schweiz eine Arbeitserlaubnis. Ich wählte die Altenpflege und schaffte nach zwei Jahren meine Prüfung in diesem Beruf. Dieser neue Weg gab mir Erfüllung und Freude im Dienst an den alten Menschen.

Vieles wurde völlig neu in meinem Leben. Das Rauchen konnte ich von einem Tag auf den andern aufgeben. Diese Sucht quälte mich nun nicht mehr. Auch das Verhältnis zu meinen angeblichen Freunden klärte sich. Ich kam ins Staunen und fragte mich: Wie konnte mir jetzt ein völlig neues Dasein geschenkt werden?

Dabei erinnerte ich mich an ein frommes Mädchen. Sie war Haushälterin bei meiner Mutter und eine fröhliche Christin. Schon früh betete sie für mich und meinen Bruder. Ihre gefalteten Hände haben sicher meinen Weg zu Gott geebnet. Ein glückliches Dasein tat sich vor meinen Augen auf. Nun sind es schon über vierzig Jahre, dass ich Jesus als besten Freund an meiner Seite habe. Welch ein Geschenk!"

Das Gespräch mit dieser alten Dame hat mich zutiefst erfreut. Menschen dürfen bei Gott Heimat finden und in Frieden leben.

Wenn Menschen erquickt werden

Heute musste ich dringend in die Stadt, um mir eine neue Brille anpassen zu lassen. Mit der alten konnte ich nicht mehr so gut lesen und außerdem war ein Bügel zum Teil abgebrochen. Ich hatte wirklich Glück und fand einen verständnisvollen Optiker. Mit großer Sorgfalt hat er mich eine Testreihe nach der anderen lesen lassen und ich war voller Hoffnung, dass ich nun bald viel besser sehen könnte. Aber da hatte ich mich geirrt.

Seit meiner Augenoperation vor etwa zehn Jahren überraschte es mich, wie strahlend die Fachwerkhäuser in unserem Stadtteil aussahen. Auch die Menschen auf der Straße konnte ich schon von Weitem erkennen und die Schönheit in der Natur bot sich mir in einem wundervollen Licht dar. Gleichzeitig merkte ich aber auch, wie sich Spinnweben in meinem Bad und im Wohnzimmer an der weißen Decke breit gemacht hatten. Bisher hatte ich sie nicht bemerkt und war nun sehr erschrocken.

Aber im Laufe der letzten Jahre hatte meine Sehkraft merklich nachgelassen. So freute ich mich und rechnete damit, dass mir eine neue Brille alles wieder im glänzenden Licht zeigen würde. Außerdem würde mir das Lesen wieder größere Freude bereiten und die beiden dicken Bände auf dem Regal, die ich mir schon ausgesucht hatte, würde ich schnell bis zum Ende durchgelesen haben. So würde ich noch ein drittes Buch mit dem Titel „Meines Vaters Land" von Wiebke Bruhns, das in einer Talkshow sehr empfohlen worden war, in Angriff nehmen und mich darein vertiefen können.

Doch meine Zuversicht wurde enttäuscht. „Leider, liebe Frau Bormuth, kann ich Ihnen keine Hoffnung machen, dass Sie mit neuen Gläsern besser sehen werden. Ihr Augenlicht ist recht getrübt. Vor allen Dingen das rechte hat nur noch eine geringe Sehschärfe. Sie gehören nun nicht mehr zu der jungen Generation und im Alter gibt es so manche Beschwernisse. Sie sehen, es fällt mir nicht sehr leicht, Ihnen das so offen zu sagen."

„Bitte", gab ich dem Optiker zur Antwort, „Sie müssen sich um mich nicht so viele Kümmernisse machen; denn ich habe das biblische Alter bei Weitem überschritten. Mich freut nur, dass ich im Laufe meines Lebens schon sehr viel Schönes habe sehen können. Ich kenne meine Heimat am Schwarzen Meer in der Ukraine, ein einmaliges prachtvolles Land, das zudem auch noch sehr fruchtbar ist. Die Kornkammer Europas wurde es genannt. Jahre später habe ich auch Moskau kennengelernt und wurde dort in eine christliche Gemeinde zum Predigtdienst eingeladen. Außerdem habe ich über drei Jahre in Polen gelebt. Dort habe ich einen Teil meiner Kindheit zugebracht. Als ich vor 45 Jahren mit der Verkündigung im Reisedienst begann, erhielt ich auch Einladungen nach Kanada, in die Schweiz, nach Italien, Taiwan und Amerika. Nie hätte ich gedacht, dass ich so viele Länder kennenlernen würde. Auch in den skandinavischen Staaten habe ich viel Schönes gesehen. Ich will dankbar auf mein Leben zurückschauen und dabei auch meine wohl noch wenigen Jahre, oder sind es nur Tage, die mir verbleiben, gerne annehmen.

Das Lesen werde ich wohl recht einschränken müssen. Das wird mir nicht so leicht fallen, denn Bücher sind meine Welt, zumal ich vor allem die dicken Wälzer der russischen Schriftsteller wie Dostojewski, Tolstoi, Gogol, Solschenizyn regelrecht verschlungen habe. Die Liebe zu dieser Literatur hat mir schon mein Vater in früher Kindheit vermittelt. Ich bin ja in Bessarabien mehrsprachig aufgewachsen. Rumänisch und Russisch habe ich fast besser gesprochen als Deutsch, weil ich mit vielen Kindern aus diesem Land gespielt habe. Leider habe ich im Laufe meines Lebens diese Sprache nicht mehr gepflegt und verstehe jetzt nur noch wenige Brocken. Russisch ist eine wunderschöne Sprache, kraftvoll, dynamisch und mit schöner Klangmalerei ausgestattet. Oft hat mir mein Vater Gedichte in dieser Sprache vorgetragen und sie sind mir in Erinnerung geblieben. Nicht umsonst hat dieses Land solch großartige Schriftsteller hervorgebracht. Nur gut, dass ich in frühen Jahren diese Dichter verinnerlicht habe. Nun muss ich mich von ihnen verabschieden, was mir nicht ganz leichtfällt, denn die dicken Bände von mehr als 1200 Seiten werde ich mir in Zukunft nicht mehr zumuten können."

Ich staunte darüber, wie interessiert mir der junge Optiker zuhörte. An diesem trüben Herbsttag waren außer mir auch keine anderen Kunden im Laden.

„Es ist wunderbar", fuhr ich in meinem Gespräch fort, „die Schönheit von Gottes wunderbarer Schöpfung bestaunen zu können. In treffenden Worten hat sich darüber ein deutscher Dichter geäußert:

‚Trinkt, o Augen, was die Wimper hält, von dem goldenen Überfluss der Welt.' Ich liebe das Leben, dessen Anfang und Ende Gott selbst setzt. Mich macht es ungemein reich, einen solch gewaltigen Schöpfer schon in jungen Jahren kennengelernt zu haben. Mit fünfzehn Jahren bin ich Christin geworden. In der innigen Gemeinschaft mit Gott lässt es sich tapfer leben. Das ist meine glücklichste Erfahrung. Deshalb will ich mich nicht von dem Gedanken niederdrücken lassen, dass mein Gesichtsfeld nun eingeengt ist. Ich trage das vergangene Schöne wie einen kostbaren Schatz in meinem Herzen."

Nun aber musste ich das Gespräch beenden, denn die Ladentür klingelte und eine neue Kundin betrat das Geschäft. Ich bezahlte schnell und legte das Geld auf den Ladentisch. Dann reichte ich dem jungen

Mann die Hand und bedankte mich für seine fürsorgliche und gute Betreuung.

„Der Dank liegt ganz auf meiner Seite, Frau Bormuth. Die anregende Unterhaltung mit Ihnen hat mich nachdenklich gemacht, mich aber auch erquickt." Der Optiker gab mir noch die Hand.

„Ich wünsche Ihnen noch Gottes Segen und viele Kunden. Ihr Geschäft soll blühen", lächelte ich ihn an und begab mich auf den Heimweg. Im Auto wurde ich noch an einen Ausspruch von Martin Luther erinnert, der gesagt hat: „Wer einen einzigen Menschen glücklich gemacht hat, der hat mehr als ein Königreich gewonnen." Heute Morgen war mir dies geschenkt.

So ist das Leben und ich muss nicht an negativen Erfahrungen wie meiner Sehschwäche hängen bleiben.

Dienst für Gott – eine verheißungsvolle Aufgabe

Ich hätte nie gedacht, dass es mir schwerfallen würde, diese Aufgabe als Verkündigerin des Evangeliums loszulassen. Als ich diese Entscheidung fällte, war mir zumute, als ob ich in einem tiefen Loch landete.

Noch vor zwei Monaten war ich in vier verschiedenen Städten unterwegs gewesen: Gunzenhausen, Schwäbisch Gmünd, Burtenbach und Bad Kissingen. Mit über zwei Wochen war es die längste Vortragsreise in diesem Jahr. In der Begegnung mit Menschen hat mich so viel Interessantes, Erlebnisreiches und Herzliches erfreut. Wochen zuvor hatte ich mich auf diese Bibeltage vorbereitet und war jedes Mal froh, wenn ich einen Vortrag fertig zu Papier gebracht hatte. Zwölfmal stand ich in diesen Tagen auf der Kanzel. Aber als ich dann wieder zu Hause war, merkte ich, wie stark mich die Verkündigung des Wortes Gottes angestrengt hatte. In den nächsten Tagen ruhte ich mich erst mal richtig aus.

Aber noch immer zehre ich von den vielen frohen und guten Erfahrungen, die ich machen durfte. Kurz nach meiner Bekehrung – ich wurde gerade 16 Jahre alt – war es mir wichtig, auch anderen Menschen diese Botschaft auszurichten. Aber nicht immer wollten meine Klassenkameraden mein Zeugnis verstehen. So fühlte ich mich oft allein gelassen und ausgegrenzt. Aber Gott schenkte mir andere Möglichkeiten. Damals wurde in Bebra nur zwei Kilometer von meinem Zuhause entfernt ein großes Zelt aufgestellt. Jeden Abend besuchten Tausende von Zuhörern diese Stätte, um die rettende Botschaft zu vernehmen. Mit einem Stoß von Einladungen ging ich in unserem Dorf und in der Stadt treppauf und treppab und lud Menschen dazu ein. Wer wie ich dieses froh machende Erlebnis erfahren hatte und in die Gemeinschaft mit Christus getreten war, kann gar nicht anders, als viele ins Boot Jesu ziehen zu wollen.

Ein Landarbeiter beim reichsten Bauern unseres Dorfes folgte etwas widerwillig meiner Einladung. „Einmal gehe ich mit dir, Lotte, aber dann lässt du mich in Ruhe mit diesem frommen Kram", willigte er missmutig ein. Für mich brach ein Staunen an, als Martin dann doch jeden Abend an meiner Seite das Zelt aufsuchte und ganz bewusst beim letzten Aufruf, zu Gott und in die Nachfolge Jesu zu treten, ans Podium schritt und Christus in sein Leben aufnahm. Weil er damals der erste junge Mann war, den Gott zu sich gezogen hatte, habe ich ihn bis heute nicht vergessen. Martin ließ sich sogar in Kursen zurüsten, um selbst in den Bibelkreisen das Wort Gottes auszuteilen. Für mich war dies eine starke Ermutigung. So durfte ich damals eine etwas zaghafte Ruferin für meinen Herrn werden. Damit begann mein Einsatz für Christus.

Der engste Kontakt mit zwei Konfirmandinnen aus dem Nachbarort Blankenheim folgte mit Elisabeth und Marianne. Beide Mädchen waren blind. Sechs Jahre lang verband uns eine enge Freundschaft. Ich las ihnen viel aus der Bibel vor und wir sangen auf unseren Spaziergängen geistliche Lieder. Beide Freundinnen holte ich zweimal in der Woche nach Bebra in den Jugendkreis und in den Gottesdienst ab. Eine herzliche Liebe verband uns, bis ich meinen Heimatort verlassen musste und zum Studium nach Marburg ging.

In der Studentenmission fand ich ein wohliges geistliches Zuhause. Leider waren dort die jungen Männer weit in der Überzahl. Außer mir gehörten nur noch zwei Studentinnen zu diesem entschiedenen Kreis für Gottes Sache. Wir trafen uns jeden Tag zum Mittagsgebet in der Universitätskirche und am Mittwoch zum Bibelstudium in der Stadtmission.

Die Studentenmission in Deutschland hatte sich erst nach dem Ende des Zweiten Weltkriegs gebildet, als junge Männer aus der Kriegsgefangenschaft zurück in ihre Heimat kamen. Alle ihre Träume vom Großdeutschen Reich und seinem Sieg gegen die Feinde waren ihnen zerschlagen. Schreckliches hatten sie im Krieg erlebt und waren in ihrer Seele tief verletzt. Sie besuchten nun die Universitäten und Gott wirkte durch eine klare Verkündigung des Evangeliums in Kirchen und Gemeinschaften Bekehrungen. Diese Studenten, die zum Glauben an Christus gekommen waren, wurden nun ihren Kommilitonen zum Botschafter an Gottes statt. Der Ruf, in die Lebensgemeinschaft mit Christus zu treten, wurde von vielen Studierenden gerade in der Nachkriegszeit gehört und angenommen. Sie schlossen sich zur SMD zusammen und so entstand ein mutiger Stoßtrupp für Jesus.

Gläubige junge Mitarbeiter reisten durch die Universitäten und predigten in den Hörsälen, wie junge Frauen und Männer Frieden mit Gott finden könnten. Der erste Reisesekretär dieser Organisation war Dr. Fritz Laubach. Er kam auch in unsere Gruppe von etwa dreißig Studenten und machte uns durch Bibelarbeiten und Gebete Mut, Mitarbeiter für Christus zu werden. Durch ihn habe ich gelernt, wie mich Jesus an der Universität gebrauchen könnte.

Dr. Laubach hatte bemerkt, dass wir nur drei Mädchen in der Marburger Gruppe waren. An einem Nachmittag, nachdem er mich etwas kennengelernt hatte, nahm er mich beiseite. Ich weiß nicht mehr, wie viele Runden wir um den Friedrichsplatz gedreht haben. „Fräulein Hannemann", begann er das Gespräch, „Sie sind Christin und ich möchte Ihnen Mut machen, dass Sie sich in Ihrer Gruppe tatkräftig einsetzen und sich vor allem um Studentinnen kümmern. Beten Sie, dass Gott Sie auf junge Mädchen aufmerksam macht, die Jesus noch nicht kennen. Laden Sie sie zu den Veranstaltungen in den Hörsälen ein, wo die Studenten-mission öffentliche Verkündigungsabende anbietet. Begleiten Sie Ihre Gäste dorthin. Wenn dann eine von ihnen zum Glauben an Christus gefunden hat, dann kümmern Sie sich weiter um sie und lesen jeden Tag einen Abschnitt aus dem Johannesevangelium mit ihr gemeinsam. So werden Sie ihr ein ermutigendes Zeugnis für Gott werden."

Traute Papke war die Erste, die ich kennenlernte und zu einem Vortrag von Pfarrer Erich Schnepel einlud. Im Griechischkurs waren wir uns begegnet. Für mich war die Bekehrung von Traute ein ergreifendes Erlebnis. Wir wurden über eine längere Zeit Freundinnen. Traute habe ich auch jeden Sonntag in den Gottesdienst der Stadtmission mitgebracht und anschließend wurden wir beide von meinen Vermietern, Familie Kniese, zum Mittagessen eingeladen.

Ein Dreivierteljahr später lud ich Claudia – sie studierte Deutsch und Geschichte – zu einer Freizeit der SMD nach Sonneck in Wehrda ein. Auch sie berief Christus in seine Nachfolge. Für mich wurde es ein frohes Erleben, von Jesus in den Dienst genommen zu werden.

Als ich zwei Jahre später heiratete, habe ich diese Erfahrung in anderer Weise gemacht. Zunächst war mein Alltag ausgefüllt mit mancherlei Aufgaben in der Familie, denn drei unserer Kinder wurden kurz nacheinander geboren. Aber für Gott wurde ich dadurch nicht arbeitslos. Uns war das Geschenk zuteilgeworden, dass wir uns ein Haus bauen konnten. Am Einzugstag überraschte uns Gott mit der Losung: „Dies Haus soll allen Völkern ein Bethaus sein." In wunderbarer Weise machte der Herr dieses Wort wahr.

In Arolsen, wo mein Mann als Studienrat am Gymnasium Englisch und Religion unterrichtete, gab es ein Goethe-Institut, in dem ausländische Studenten aus über hundert Nationen die deutsche Sprache erlernen sollten. Wie gern hätte Karl-Heinz diesen Ausländern jeden Sonntag in Englisch einen Gottesdienst gehalten. Aber dies war ihm vom Direktor des Instituts verwehrt worden, denn sie sollten weder politisch noch religiös beeinflusst werden. Uns aber half das Gebet für diese so wichtige Aufgabe.

In den Fünfziger- und Sechzigerjahren war die Wohnungsnot noch sehr groß. Eines Tages sprach uns der Direktor an, als er an unserem schönen Haus vorbeiging. Er brauchte dringend Wohnraum für seine Studenten. Gern nahmen wir zwei junge Männer aus Singapur bei uns auf. Mitten in der Nacht reisten sie von Marseille mit einem Bus bei uns an. Draußen war es stürmisch und es goss in Strömen. Sieben schwere Überseekoffer trugen mein Mann, der Lehrer und der Chauffeur in unseren Flur. Außerdem lag in unserem Vorgarten noch ein weißer Sack mit Konserven, dessen Nähte geplatzt waren. Wir holten die kostbaren Lebensmittel mit einer Wanne herein und reinigten die Dosen. Noch hatten wir keine befestigte Straße, die zu unserer Behausung führte. Als das Gepäck endlich verstaut war, stellte uns der Lehrer unsere neuen Bewohner vor: „Das ist Herr Wang."

„Ich nicht Herr Wang, ich Herr Tan", korrigierte unser Gast.

„Und das ist Herr Wua."

„Ich nicht Herr Wua, ich Herr Chua."

Wir hatten die falschen Mieter in unserem Flur stehen. Nun sollten die riesigen Koffer wieder in den Bus zurückgetragen werden. Aber da schaltete ich mich ein: „Bitte, lassen

Sie die beiden Studenten hier. Mir ist es egal, ob die Männer Wang, Tan, Wua oder Chua heißen. Sie sehen doch, wie müde unsere Gäste von der langen Reise sind. Lassen Sie sie heute Nacht noch kurz bei uns schlafen. Morgen kann dann der Umzug stattfinden." Besonders der Chauffeur war über diese Entscheidung glücklich, denn ich ahnte, wie viele Überseekoffer er heute Nacht schon hatte schleppen müssen. Außerdem war der Weg zu uns schlammig.

Nach einem herzhaften Nachtmahl, das ich den beiden Gästen anbot, fragte mich Herr Tan: „Welches Tag ist heute?" Er hatte in Singapur schon etwas Deutsch gelernt.

„Jetzt ist schon Sonntag", erklärte ich ihm.

„Und wo ist Kirche?", wollte er wissen.

„Sind Sie etwa Christ?", fragte ich ihn.

Er bejahte es. „Jetzt schlafen Sie noch ein paar Stunden, dann wecke ich Sie frühmorgens und wir nehmen Sie mit in unsere Gemeinde. Herr Chua geht sicher auch mit." Er wusste es nicht recht und zuckte mit den Schultern.

Am Morgen betraten wir dann mit englischen Bibeln ausgerüstet unseren Gottesdienstsaal. Auf der hintersten Reihe nahmen wir Platz und übersetzten unseren neuen Mitbewohnern die Predigt ins Englische. Auf dem Nachhauseweg trafen wir auf der Hauptstraße dieser Stadt mehrere Ausländer, die vor den Geschäften standen und sich etwas kaufen wollten. Der Hunger quälte sie, denn sie waren schon vor vielen Stunden von ihrer Heimat aufgebrochen. Ich unterhielt mich mit ihnen und erklärte ihnen, dass an den Sonntagen die Geschäfte in Deutschland nicht geöffnet sind. Für die jungen Männer war das völlig unverständlich. „Kommen Sie mit zu uns", lud ich die Studenten ein. So gabelten wir schließlich 25 junge Männer auf der Straße auf.

Nun musste ich meiner Fantasie großen Raum lassen, denn für so viele Mittagsgäste war ich nicht gerüstet. Noch nicht einmal genügend Stühle hatten wir für sie bereit. So holten wir unsere Matratzen aus den Betten und legten eine Decke darauf. Dann zauberte ich in der Küche ein „köstliches Büfett". In die Suppe schüttete ich noch zwei Liter Wasser, gab einige Maggiwürfel und Nudeln dazu und quirlte noch einige Eier hinein. Außerdem kochte ich Reis und Spagetti. Alles, was ich sonst noch an Essbarem in der Speisekammer fand, packte ich auf den Tisch: eine Dose Fisch, ein Glas Marmelade, Brot, Käseaufschnitt, und schließlich noch unseren Sonntagskuchen. So verlebten wir einen interessanten Nachmittag. Erst gegen Abend verabschiedeten sich die Studenten. Sie freuten sich, dass sie in der Fremde Menschen kennengelernt hatten, die Englisch mit ihnen sprechen konnten.

Mir selbst haben diese jungen Leute auch sehr gefallen. So sagte ich, bevor sie unser Haus verließen: „Wir würden uns freuen, Sie wiederzusehen. Wir möchten mehr von Ihren Ländern, Ihrem Glauben und Ihren Studienabsichten hier in Deutschland hören. Gerne helfen wir Ihnen auch beim Erlernen der deutschen Sprache. Sie können auch Ihre schmutzige Wäsche mitbringen und in zwei Stunden haben Sie wieder ein sauberes Hemd für den nächsten Tag. Dürfen wir Sie in ein paar Tagen wieder in unserer Mitte begrüßen? Wir selbst würden Ihnen auch aus unserem Leben erzählen."

Mein Vorschlag wurde mit Freuden angenommen, und so war der Anfang unseres Bibelkreises gesetzt. Ihnen das Evangelium weiterzusagen, war unser Anliegen. Studenten aus mehr als fünfzig Nationen wurden im Laufe der Jahre unsere Gäste: Moslems, Christen und Buddhisten. Mein Mann versuchte sie mit Jesus in Verbindung zu bringen, während ich immer für ein nettes Angebot an Obst, Plätzchen oder Eis sorgte. Wir haben diese gemeinsame Zeit in unserem Haus genossen. Es wurde wirklich ein Bethaus allen Völkern.

Von den amerikanischen Soldaten besorgten wir uns christliche Liederbücher und sangen fröhlich Gott zur Ehre. Auch viele Neue Testamente verteilten wir und sie wurden auch gerne angenommen. Mama und Papa nannten sie uns, obwohl wir nicht sehr viel älter waren als sie. Einige erkannten auch Christus als ihren Herrn. Das war uns dann immer ein frohes Ereignis. Wenn sie nach acht oder neun Monaten Arolsen wieder verließen, waren sie froh, wenn ihnen ein guter Einstieg in die Universitäten gelang. Deutsch hatten sie auch mit unserer Hilfe und den vielen Gesprächen über die Bibel gut gelernt.

Besonders froh war ich, wenn ich später Briefe erhielt, in denen z. B. stand: „Ich war in meinem Herzen blind für das biblische

Wort, aber nun habe ich Jesus als meinen Herrn und Erlöser entdeckt." Gibt es etwas Schöneres, als Menschen mit dem Sieger von Golgatha bekannt zu machen? Ich gewann den Eindruck: Hier werde ich gebraucht und bin am rechten Platz.

Später wurde mein Mann als theologischer Mitarbeiter in den Diakonieverband nach Marburg berufen. Für mich folgte später auch eine Zeit, als unsere Kinder größer geworden waren, dass ich zu Bibelfreizeiten und Frühstückstreffen für Frauen und Seniorennachmittagen eingeladen wurde.

Meine erste Tagung hielt ich in Bookholzberg bei meinen Landsleuten aus Bessarabien. Mit zitternden Knien fuhr ich dorthin, denn nun war mir die Aufgabe zuteilgeworden, eine Woche lang das Evangelium zu verkündigen. Mein erstes Thema hieß: „Gott baut – wir bauen mit." Ich behandelte das Buch Nehemia. Es fiel mir nicht allzu schwer, da ich Wochen zuvor Auslegungen aus dem Buch eines englischen Schriftstellers ins Deutsche übersetzt hatte. Das gab mir eine gute Grundlage. Acht Tage war ich mit 54 Teilnehmerinnen zusammen. Bei der Begrüßung wurde ich mit dem Auftrag überrascht, dass mir zwei Frauen sagten: „Schwester Bormuth, wir freuen uns, dass Sie gekommen sind. Hier gibt es viel Arbeit für Sie. Zwei Seelen in unserer Mitte sind noch nicht bekehrt. Wir müssen beten und kämpfen, dass sie auch zu Gott finden."

Morgens in aller Frühe waren meine Teilnehmerinnen auf den Beinen. Kurz vor acht Uhr waren wir zum Singen versammelt. Mit viel Inbrunst läutete das Lob Gottes den Tag ein. Dann schloss sich immer eine längere Gebetsgemeinschaft an. Mich berührte es sehr seltsam, als auch namentlich um die beiden noch unbekehrten Seelen gerungen wurde, zumal die beiden Frauen in unserer Mitte saßen. Als dann die Erste den Durchbruch zu Jesus erlebte, setzte ein Dankgebet nach dem andern ein. Am Schluss sangen wir mit Inbrunst das Lied:

Dass Jesus siegt, bleibt ewig ausgemacht,
sein wird die ganze Welt;
denn alles ist nach seines Todes Nacht
in seine Hand gestellt.
Nachdem am Kreuz er ausgerungen,
hat er zum Thron sich aufgeschwungen.
Ja, Jesus siegt!

Ja, Jesus siegt! Wir glauben es gewiss,
und glaubend kämpfen wir.
Wie du uns führst durch alle Finsternis,
wir folgen, Jesu, dir.
Denn alles muss vor dir sich beugen,
bis auch der letzte Feind wird schweigen.
Ja, Jesus siegt!

Diese acht Tage vergingen wie im Flug und an dem Wochenende waren noch viele Teilnehmerinnen zu einer Glaubenskonferenz dazugekommen. Diese erste Tagung in Bookholzberg war der Beginn von über drei Jahrzehnten frohen Verkündigungsdienstes. In viele Dörfer, Städte und Länder wurde ich eingeladen. Welch wunderbare, verheißungsvolle Aufgabe hatte mir Gott anvertraut. An manche Erfahrungen denke ich gerne zurück:

Es war im Odenwald. Aufmerksam verfolgten die Frauen vor allem meine Abendvorträge. Ich sprach über Themen wie *Nicht schimpfen, nur freuen* oder *Wie finde ich meinen Weg zu Gott* oder *Bindungen loslassen und das Leben gewinnen* oder *Muss ich dem vergeben, der an mir schuldig geworden ist?* oder auch *Mein schönster Liebesbrief – die Bibel.*

Eine Frau wollte noch unbedingt am späten Abend mit mir sprechen. „Entweder heute oder nie. Ich muss die Frage nach Gott klären."

„Das ist Ihr wichtigstes Ziel, das Sie anstreben sollten", ermutigte ich sie. „Wir setzen uns gleich in meinem Zimmer zusammen, da sind wir ungestört."

Es wurde eine lange Nacht.

Obwohl Frau Martin bereit war, den Schritt über die Linie zu wagen, wurde es dennoch ein langes Ringen, bis sie zu Gott kommen konnte. Immer wieder blockierte sie mit einem großen Aber das Übergabegebet, das ich mit ihr sprechen wollte. Nach eineinhalb Stunden brach ich die Unterredung ab und bat sie: „Kommen Sie morgen nach der Bibelarbeit zu mir, dann können Sie entscheiden, ob Sie in die Nachfolge Christi treten wollen. Gott überrumpelt keinen Menschen. Es ist ein herzliches Liebesangebot für jeden Menschen, auch für Sie."

Frau Martin machte einen unglücklichen Eindruck auf mich, als sie mich gegen 23 Uhr verließ. Sie schien sehr nachdenklich und auch geknickt zu sein.

Aber am anderen Morgen, als ich am Früh-

stückstisch saß, kam sie mir fröhlich entgegen. „Frau Bormuth, i bin durchgeschlupft."
„Das ist die beste Entscheidung, die Sie getroffen haben. Nun sind Sie für den Himmel geboren."

Diesen Ausdruck „I bin durchgeschlupft" habe ich gerne in meinem Gedächtnis behalten. Wer ihr dabei geholfen hat, ist letztlich nicht von Belang. Es war ihre Freundin, mit der sie das Zimmer teilte, die ihr seelsorgerisch beigestanden hat.

Heute noch rettet Jesus Menschen aus der Gottferne und führt sie in seine Gemeinschaft. Nichts ist wertvoller, als Christus zum liebsten Freund an der Seite zu haben.

Gott kennt unsere Traurigkeit

Bekümmert saß Frau Gärtner (ihr Name ist geändert) mit Tränen in den Augen vor mir. Sie begann auch gleich das Gespräch. „Zwei Mädchen und vier Jungen habe ich geboren und jedes meiner Kinder habe ich mir von Gott erbeten. Immer nach der Geburt meiner Babys war ich die glücklichste Mutter der Welt. Keine Königin könnte sich mehr über ihren Nachwuchs freuen als ich. Jedes meiner Kinder nahm ich aus Gottes Hand an. Gewiss weiß ich auch um schwere Erkrankungen und Fahrradunfälle, aber ich habe auch viel Hilfe und Heilung in Nöten erfahren. Mein größter Wunsch und mein innigstes Anliegen, das ich täglich vor Gott brachte, war, dass Gott sie alle in seine Gemeinschaft bringen möge. So habe ich meine Kleinen schon früh in die Welt der Bibel eingeführt und mit ihnen gebetet. Im Kindergottesdienst lernten sie viele fröhliche Lieder und sangen sie zu Hause. Mir hat es viel Freude bereitet, wenn meine Heranwachsenden gerne mit in den Gottesdienst gingen und einer nach dem andern bewusst sein Leben Christus zur Verfügung stellte. Sie nahmen auch an christlichen Freizeiten teil und lernten so Jesus immer besser kennen. So wusste ich sie alle auf einem guten Weg mit Gott.

Aber nach und nach verließen meine Söhne und Töchter das Haus. Sie erlernten einen Beruf oder besuchten die Universität. Neue Freunde bereicherten ihr Studium oder ihren Arbeitsplatz. Eigentlich hätte ich völlig zufrieden sein können. Ich vergaß, dass der Glaube an unseren Erlöser stets neue Nahrung brauchte. Mir wurde eines Tages bewusst, dass ich intensiver beten müsste; denn ich bangte, ob sie auch jetzt noch an Christus, ihrem Halt, festhielten. Beten für Kinder ist immer besonders wichtig, wenn sie andere Ziele verfolgen und der Glaube an Jesus von ihnen vernachlässigt wird. Wie gerne möchte ich am Ende meines Lebens sagen können: ‚Herr, ich stehe vor dir mit den Kindern, die du mir anvertraut hast.'"

„Sie sind auf dem richtigen Weg, Frau Gärtner, und doch können wir unsere Söhne und Töchter nicht bekehren. Das bleibt allein Gottes Sache. Wir Mütter leben allein von der Hoffnung, dass der Herr unsere Gebete erhört und unsere Kinder wieder zurückholt in die liebende Gemeinschaft mit ihm. Geduld ist aber nötig. Auch mir sind solche Nöte nicht unbekannt. Ihnen möchte ich in Ihrer Niedergeschlagenheit ein Wort auf den Weg mitgeben, das mir persönlich schon oft geholfen hat. Gott sieht unsere Tränen und zählt sie sogar. So bedeutsam sind wir in seinen Augen. In Jesaja 43,3 heißt es: *Das zerstoßene Rohr wird er nicht zerbrechen und den glimmenden Docht wird er nicht auslöschen.* An diese Verheißung halte ich mich, wenn ich zerschlagen am Boden liege. Dann stehe ich wieder auf und weiß, dass alle meine Kinder, Schwiegerkinder, Enkel und Urenkel in seiner Hand geborgen sind. Am Ende darf ich im Vertrauen sagen: Vater im Himmel, ich lege meine Kinder in deine barmherzigen und liebenden Hände."

Ich sprach noch ein Gebet und auch Frau Gärtner brachte alle ihre Kinder im Gebet vor Gott. Als wir uns voneinander verabschiedeten, war ich mir sicher, dass Gott das Gebet auch dieser Mutter hört und erhört.

Prüfungen, Prüfungen und kein Ende

Wir sind in unserer Familie reich gesegnet mit Kindern, Enkeln und Urenkeln. So bleibt es nicht aus, dass immer wieder Examina vor der Tür stehen. Oft liegen auf meinem Tisch mehrere Zettel mit Prüfungsdaten. Ein Satz nimmt mich in die Pflicht: „Bitte, Mutti, bete für mich. In zwei Tagen muss ich meine Hebräischprüfung absolvieren." Oder es heißt: „In drei Wochen muss ich meine Doktorarbeit abgeben." Oder: „Morgen schreiben wir eine Lateinarbeit und in vier Tagen eine Mathematikklausur." Manchmal haben mir sogar die Studenten, die bei uns wohnten, solche Termine mitgeteilt, denn sie sahen, dass Gebet hilft.

Prüfungen sind oft mit Angst verbunden und führen in die Enge. Wie sehr freue ich mich, wenn meinem Sohn nach vielen Fahrstunden endlich der Führerschein ausgehändigt wird, oder wenn ein Semester erfolgreich abgeschlossen werden konnte. Aber nicht immer verlaufen die Examina glücklich. Dann fließen auch manchmal Tränen und der Prüfling liegt ganz zerstört am Boden.

So ist es einem unserer Enkel ergangen. Es ist an der dortigen Universität bekannt, dass die Fragen in Pädagogik, die der Professor stellt, unheimlich schwer sind. Die Durchfallquote war meist sehr hoch. Hinzu kam noch eine unerfreuliche, ja beleidigende Bemerkung vom Prüfer. Als die Stunde zu Ende war, konnte er sich nicht mäßigen und sagte zu seinem Prüfling: „Na, da haben Sie mir aber ein dünnes Süppchen geliefert, obwohl Sie doch ein kluges Köpfchen sind. Probieren Sie es im nächsten Semester noch einmal."

Zum Glück erging es ihm beim zweiten Mal besser. Verständlicherweise war seine Angst recht groß. Wir wussten in unserer Familie um diesen wichtigen Termin und falteten die Hände. Natürlich nutzte auch unser Enkel die Zeit und saß über vielen Büchern. Jetzt war Fußballspielen nicht mehr angesagt. Wir bangten mit ihm und warteten gespannt auf den erlösenden Anruf. Schon recht früh am Morgen klingelte das Telefon; „Oma, ich habe bestanden. Stell dir vor, ich habe diesmal meine Prüfung mit einer glatten Eins geschafft, und der Professor war mit mir zufrieden."

Wie dankbar war ich über diese Nachricht. Mir wurde klar: So viel Eifer muss belohnt werden. So griff ich in meine Geldtasche, holte einen Schein heraus und legte ihn mit einer Spruchkarte in einen Umschlag. Das Gotteswort war aus Hebräer 13,5 und lautete: „Gott spricht: Ich will dir meine Hilfe nimmermehr versagen und dich verlassen." Ermutigung tut immer gut; denn noch liegen mehrere Examina bis zum Ende des Studiums vor unserem Enkelsohn.

Die Namenlose

Schon seit acht Wochen erreichen mich immer wieder Telefonate von einer depressiven, verzweifelten Frau. Ihr Name ist mir nicht bekannt und sie gibt ihn auch nicht preis. Wer so in Nöten steckt und sich verlassen fühlt, braucht Hilfe. Ich bemühe mich, ihr aufmerksam zuzuhören, und will alle ihre Sorgen auf mein betendes Herz nehmen. Von ihren Angehörigen fühlt sie sich ausgenutzt und betrogen. Sie hat sich auch in den wirren Gedanken verfangen, dass bei ihr eingebrochen wurde, denn sie kann ihr Studienbuch nicht mehr auffinden.

Ihr Anruf beginnt meist mit einem längeren Schweigen. Ich lasse ihr viel Zeit, bis sie für ihre Ängste Worte finden kann. So ist es auch an diesem Morgen. Alle meine Ratschläge sind für sie scheinbar bedeutungslos. Schließlich frage ich sie: „Möchten Sie, dass ich ein Gebet für Sie spreche?"

Sofort wird der Hörer aufgelegt. Kurz darauf klingelt es erneut bei mir. Diesmal meldet sich eine Firma, die mir Heizöl anbieten will. So frage ich zurück: „Haben Sie mich eben auch schon mal angerufen?"

„Ja", ist die Antwort, „aber ich weiß nicht, was ich mit dem Gespräch hätte anfangen sollen. Jemand wollte mit mir beten. Es war wahrscheinlich eine Störung im Apparat." Ich muss insgeheim lächeln und sehe, dass der Firmenchef sehr überrascht war von der Überschneidung zweier Anrufe. Mir bleibt nur ein freundliches Wort, um ihn über diesen Vorfall aufzuklären. Natürlich war er darüber verwundert; denn noch niemals ist ihm übers Telefon ein Gebet angeboten worden. „Diese Störung können Sie annehmen, wenn Sie mal in Nöten sein sollten", sage ich ihm in spaßhafter Weise, „dann bete ich auch gerne mit Ihnen. Aber jetzt möchte ich doch erst mal mein Öl bestellen, denn der Winter steht vor der Tür."

Seit diesem ersten Anruf der Namenlosen klingelt das Telefon fast jeden Tag bei mir. Sie schweigt meist sehr lange und dann sagt sie nur zu mir: „Bitte, ein Gebet."

Im Laufe von neun Wochen erfahre ich doch nach und nach, dass diese Anruferin Patientin in einer psychiatrischen Klinik ist. Sie hat mir inzwischen auch ihr eigentliches Problem anvertraut, aber ihren Namen verschweigt sie mir noch immer. Nun soll sie bald aus dem Krankenhaus entlassen werden, aber in ihre Zweizimmerwohnung darf sie nicht mehr zurück. Diese hat ihr Betreuer schon gekündigt. Darüber ist sie sehr empört, und doch kann sie daran nichts ändern, denn die Räumung wurde gerichtlich angeordnet.

Diese noch junge Frau ist psychisch schwer krank, sodass sie in ein Heim für Betreutes Wohnen etwa dreißig Kilometer von Marburg entfernt eingewiesen werden soll. An dieser Verfügung wird sie nichts mehr ändern können, obwohl sie gerne in ihren eigenen vier Wänden bleiben möchte.

Ich versuche ihr Mut zu machen und rate ihr, sie möchte doch erst mal mit ihrem Betreuer die neue Behausung anschauen. Ich selbst kenne dieses Heim und weiß, dass die Menschen dort bestens betreut werden. Es liegt auch in einer prachtvollen Umgebung. Wenn sie erst mal die Schönheit ihrer neuen Bleibe gesehen hat, wird es ihr leichter fallen, dem Gerichtsbeschluss zu folgen.

Wird sie meinen Vorschlag annehmen? Ich weiß es nicht. Mir tut es leid, wenn eine psychisch so kranke Frau in Ängsten lebt und in ihrer Umgebung nur noch böse Menschen sieht, die ihr schaden wollen. Erst wenn diese Kranke andere Erfahrungen machen darf, wird es ihr leichter fallen, die gerichtliche Entscheidung anzunehmen.

Ich war schon dankbar, dass die Namenlose mich überhaupt angehört und nicht sogleich den Hörer wieder aufgelegt hat. Sie ist nachdenklich geworden und hat Vertrauen zu mir gefasst. Immer wieder ruft sie mich an mit den Worten: „Bitte, ein Gebet!" So bringe ich all ihre Anliegen, ihr Weh und ihre Verzweiflung vor Gott. Ich weiß nicht, ob ich ihr helfen kann. Aber doch gewinne ich den Eindruck, dass sie sich allmählich in ihr Schicksal fügen will. Sie wirkt ruhiger und der Ruf zu Gott wird ihr Frieden geben. Es ist für mich sonderbar, wie nah mir diese junge Frau steht, und manchmal falte ich auch mehrmals am Tag meine Hände für sie. Welch eine Gnade widerfährt einem Menschen, wenn er seine Zuflucht zum Vater im Himmel nimmt. Ich wüsste nicht, wo diese verängstigte Frau anders zum Frieden und zu innerer Gelassenheit finden könnte als allein in der Zusage meines Herrn: „Das Gebet wird dem Kranken helfen." Jesus wendet sich gerne den Hilflosen, Einsamen und Verzweifelten zu.

Die Geschichte einer geglückten Flucht

Nichts ist für eine Autorin schöner, als wenn sie über ihr literarisches Schaffen eine positive Nachricht erhält. Vor Kurzem durfte ich die Glückliche sein. Eine Frau schrieb mir, dass sie von zwei Büchern beeindruckt sei, die sie zur diamantenen Hochzeit erhalten habe. Sie dankte mir mit ermutigenden Worten und einem kräftigen Segensspruch. Es war ihr eine Freude, dass alle meine kurzen Erzählungen die Wirklichkeit auch ihres Alltags widerspiegeln und sie dadurch die Kraft des Evangeliums empfangen dürfe. So wünsche sie mir mit dem Titel meines Buches „Alles Glück der Erde" Erfolg in meiner schriftstellerischen Arbeit.

Eines habe sie mit mir gemeinsam: das Alter und die große Kinderschar. Acht Enkel und ein Urenkel sind diesem Ehepaar anvertraut worden.

Außerdem erzählte sie mir, dass sie wie auch ich im Januar 1945 vor den sich nahenden russischen Panzern fliehen musste.

Bromberg war erst seit Kurzem ihr Zuhause geworden. Kalt war der Winter damals, bitterkalt. Das Thermometer zeigte minus 20 Grad an. Früher hatte sie in Düsseldorf gewohnt. Aber durch die wahnsinnige Bombardierung ihrer Stadt habe sie alles verloren. Die schaurigen Nächte, das Sirenengeheul, den Anflug der feindlichen Flugzeuge, den entsetzlichen Knall der herabfallenden Bomben, die ausbrechenden Feuer und die vielen Toten würde sie ihr ganzes Leben lang nicht mehr vergessen. Ihrem Haus gegenüber hatte eine große Drogerie gestanden. Aber in dem Keller dieses Gebäudes, wo die Bewohner Schutz suchten, gab es keinen Notausgang. Nie mehr werde sie die von Angst gezeichneten toten Gesichter der Menschen aus ihrem Blickfeld verlieren, die sie fast alle kannte und die nun leblos überall herumlagen. Ihr war es noch gelungen, der Katastrophe zu entkommen.

Total rußgeschwärzt suchte sie bei einer Verwandten Schutz, deren Haus noch stehen geblieben war. Es war am Pfingstsonntag, und doch ein so furchtbar schrecklicher Tag.

Früher habe sie mit ihrer Familie eine

herrliche Wohnung und ein Geschäft besessen. Nun waren sie alle arm wie die Kirchenmäuse und vom Bombenkrieg gezeichnet. Im Rheinland konnten sie nicht länger bleiben und wurden deshalb nach Ostpreußen verfrachtet. Aber dort erreichte sie ein neues Unglück. Schon seit Tagen hatten sie die feindlichen Kanonenschläge und das Rollen der russischen Panzer gehört. In der Luft wurden die sowjetischen Tiefflieger zu einer Gefahr für die Bevölkerung. Angst machte sich bei ihnen breit und sie wussten nicht, wie es weitergehen sollte. Aber an einem Sonntag, es war der 20. Januar 1945, kamen zwei Männer und riefen: „Frauen und Kinder sofort raus!" Ihr Vater war schon zum Volkssturm eingezogen worden und sollte die Feinde zurückschlagen. Welch ein Wahnsinn! Zum Glück hatte die Mutter in weiser Voraussicht Rucksäcke genäht und die wichtigsten Kleider eingepackt. Außerdem hatte sie noch tüchtig Lebensmittel darin verstaut, sodass sie wenigstens die erste Zeit nicht mit ihren Kindern hungern musste. Ihren Rucksack hatte sie auf den Schlitten gebunden. Dort aber war er fest angefroren und musste mit Gewalt heruntergerissen werden.

Schließlich wurden die Flüchtlinge auf größere Lastwagen geladen. Erschrocken waren die Kinder, als sie plötzlich merkten, dass ihre Mama auf einem anderen Auto saß. Angst erfasste sie. Aber das Glück war ihnen hold. Bei einem kurzen Halt machte sich der größere Bruder auf den Weg, um die Mutter zu suchen. Durch die wunderbare Hilfe Gottes konnte die Familie wieder zusammengeführt werden. Buchstäblich empfanden sie das Wort aus Psalm 34,8 als ihren Trost: „Die Engel des Herrn lagern sich um die her, die ihn fürchten." So war die Familie wieder beisammen und sie gelangten alle nach manchen Strapazen in den Westen. Gewiss blieben sie noch lange Zeit arm, weil sie alles verloren hatten. Aber sie waren mit dem Leben davongekommen, und darüber lobten sie Gott.

Drei hübsche Afrikanerinnen

Manchmal sieht unsere Wohnung aus wie die Kleiderkammer beim Roten Kreuz, nur dass bei uns neben warmen Decken, Blusen, Mänteln und Röcken auch Koffer, Taschen und Schuhe gelagert sind. Noch nie hat das Postauto so oft vor unserer Haustür gehalten wie seit dem Tag, da unsere Bundeskanzlerin Angela Merkel uns im Blick auf das Flüchtlingsproblem ermutigt hat mit dem Satz: „Wir schaffen das." In einem meiner Bücher hatte ich von meiner ehrenamtlichen Tätigkeit bei den Menschen aus Syrien, Afghanistan und Somalia berichtet. Nun ließen sich meine Freunde, meine Leser und auch Gemeinden dazu bewegen, mich mit lauter wertvollen Geschenken für diese armen aus ihrer Heimat vertriebenen Menschen zu beglücken. Als es im Zelt sehr kalt wurde und die Leute froren, startete ich einen Aufruf und brachte ein ganzes Auto voll mit Decken ins Lager.

Das Zelt liegt direkt vor den Toren unserer Stadt. Dann stellte ich mich immer an einen günstigen Platz vor dem Camp, denn die Security verwehrte mir den Zugang zu den Menschen. Nur sehr wenige Menschen durften die Flüchtlinge im Lager besuchen: Ärzte, Politiker und einige Krankenschwestern. Wenn ich so am Zaun stand, hob ich dabei eine Jacke, eine Puppe oder ein Tütchen mit Schokolade hoch. Entdeckt wurde ich immer ganz schnell und bald umringten mich die Menschen, meist eine Schar Kinder, denen die Freude darüber, dass sie mit wertvollen Geschenken bedacht wurden, ins Gesicht geschrieben stand.

Vor ein paar Wochen stauten sich die Hilfsgüter in unserer Wohnung. Es kamen neue Flüchtlinge, vor allen Dingen aus Eritrea. Gleich nach dem Gottesdienst fuhren mein Mann und ich ins Camp und sahen drei Afrikanerinnen auf einer Bank sitzen. Sie hatten bei diesem herrlichen Wetter gerade einen Spaziergang gemacht. „Halt schnell das Auto an, Karl-Heinz", rief ich meinem Mann zu. „Ich will zu den drei hübschen Mädchen gehen und mit ihnen sprechen." Mein Mann fuhr unseren Renault an den Straßenrand und stoppte. Freundlich begrüßte ich die drei Schönen. Sie kamen auch aus Eritrea, wie sie mir auf Englisch sagten. So war eine Verständigung gut möglich.

Ich führte sie ans Auto, öffnete die Heckklappe und bot ihnen alle Kartons an. Sie freuten sich sehr. Wir wollten sie dann noch mit dem Wagen bis ans Camp fahren, aber sie wehrten ab und hoben die Sachen schnell heraus. „Wir sind stark!", sagten sie zum Abschied und drückten mir die Hand. „Ich bin eine Christin und wünsche Ihnen Gottes reichen Segen." Das verstanden sie sehr gut. Sie winkten mir noch lange zu und warfen mir sogar mehrere Handküsse zu.

Für mich gibt es nichts Besseres, als solche Menschen, die vom Leid gezeichnet sind, glücklich zu sehen. Ich liebe das Wort der Bibel, das in Jesaja 58,7-10 steht: „Brich dem Hungrigen das Brot und die, die im Elend sind, führe in dein Haus; wenn du einen nackt siehst, so kleide ihn ... Alsdann wird dein Licht hervorbrechen wie die Morgenröte und deine Besserung wird schnell wachsen und deine Gerechtigkeit wird vor dir hergehen, und die Herrlichkeit des Herrn wird dich zu sich nehmen. Dann wirst du rufen, so wird dir der Herr antworten; wenn du schreien wirst, wird er sagen: Siehe, hier bin ich." Und der letzte Vers lautet: „Der Herr wird dich immerdar führen. Alsdann wirst du Lust haben am Herrn, und ich will dich über die Höhen auf Erden schweben lassen." Gerade dieser Vers berührt mich in meinem Herzen.

So endet der Prophet dieses Kapitel und lässt uns seinen Trost und Zuspruch hören.

Kicken mit der Kirche

So stand es als Überschrift in der Zeitung. Bei seiner Antrittspredigt in der Kirche sprach unser jüngster Sohn in Bad Sooden Allendorf über das Wort: „Bittet, so wird euch gegeben." Ganz am Schluss fügte er noch einen ganz wichtigen Satz an: „Liebe Gemeinde, auch ich habe als euer neuer Hirte eine große Bitte an euch: Vertraut mir eure Kinder an."

Es war erstaunlich, wie stark sich die Väter und Mütter auf das Verlangen unseres Sohnes einließen. Die Weihnachtszeit nahte, und Daniel lud die Jungen und Mädchen ein, mit ihm ein Krippenspiel einzuüben. Kinder spielen gerne Theater und wollen Maria und Joseph, das Kind in der Krippe, Esel und Hirten sein. So kamen gleich mehr als 20 in den Gemeindesaal. Dies war der erste Einsatz, den Daniel für die Kleinen einrichtete. Heiligabend wurde zu einem vollen Erfolg. Die große Kirche platzte fast aus allen Nähten, weil Opas und Omas, Tanten und Onkel und Freunde der Spieler mitgekommen waren. So hatte unser Sohn einen guten Einstieg für seine ihm anvertrauten Kinder gefunden und konnte mit einem Kindergottesdienst beginnen. In den Herbstferien des nächsten Jahres lud er die Sechs- bis Zwölfjährigen nachmittags auf den Sportplatz ein. „Kicken in der Kirche", so hatte ein Reporter in seinem Bericht die Überschrift verfasst. Fußballspielen wurde zu einem riesigen Vergnügen für die Kleinen. Aber zunächst erzählte Daniel in der Kirche eine biblische Geschichte, sang einige Lieder mit ihnen und betete für sie. Jedes Mal wurde auch noch ein neuer Bibelvers gelernt. Danach ging der Trupp fröhlich zum Sportplatz. Einige Helfer standen ihm bei und kümmerten sich rührend um die Kleinen.

Dem Zeitungsartikel war noch ein Bild mit allen Teilnehmern beigefügt. An ihren strahlenden Gesichtern und erhobenen Händen merkte man ihnen die Freude an. Vierzig Kinder, darunter auch sechs Flüchtlingskinder, nahmen an diesem Fußballcamp teil.

Dieses Jahr fand das Ereignis schon zum dritten Mal statt. Zwei Konfirmanden betreuten die Kinder in rührender Weise, sodass alle ganz bei der Sache waren. Der

Reporter hatte noch Folgendes angefügt: „Unter der organisatorischen Leitung von Pfarrer Dr. Bormuth – einem sportlichen Gottesmann – führte dieser Einsatz zu einem wunderbaren Erfolg. Zwei Gruppen wurden zu einer Mini-WM zusammengestellt. Drei junge Christen aus der Gemeinde kümmerten sich um das leibliche Wohl, denn gegen Mittag warteten viele hungrige Mägen auf ein kräftiges Mahl. Nach dem täglichen Spiel kamen alle Kinder mit den Helfern noch zum Beten und Singen zusammen. Man betete das Vaterunser und der Segen wurde ihnen zugesprochen. Anschließend erfuhren sie noch in kurzen Clips von prominenten christlichen Spitzensportlern im Gemeindehaus, wie deren Glauben sie durch Erfolg und Niederlage getragen hat. Am letzten Tag wurden dann auch die Eltern, Verwandten und Freunde zu einem besonderen Gottesdienst eingeladen. Sie waren sich alle einig, dass Bolzen und Beten auch im nächsten Jahr stattfinden sollte, denn das Fußballcamp war wirklich ein voller Erfolg."

Wie reich darf ich sein?

Schon als Schülerin hat mich die Geschichte von Robin Hood fasziniert. Er war ein englischer Adliger, den aber seine Angehörigen aus ihrer Mitte verstoßen hatten. Mit seinem starken Einsatz für die Armen, für die er soziale Gerechtigkeit einforderte und für die er kämpfte, schadete er angeblich dem Ansehen seiner Angehörigen. Mit einem Verwandten, der sich mit Elenden abgab, wollten die aus dem Adelsstand nichts zu tun haben. Robin Hood passte nicht in ihr Bild.

Menschen, die sich die Barmherzigkeit auf ihre Fahnen geschrieben haben, finden heute noch viele Nachahmer. Und das ist sehr erfreulich. Einer unserer Zeitgenossen ist Papst Franziskus. Er hat sogar das Jahr der Barmherzigkeit ausgerufen und wurde für seine große Tat mit dem Erhalt des Bambis im Jahr 2016 ausgezeichnet. Auch mir imponiert dieser einsatzfreudige, großartige katholische Gottesmann, der sich für die Elenden, Kranken, Benachteiligten, Gefangenen und Behinderten einsetzt. Wer im Fernsehen die Verleihung des Bambipreises am 18. November 2016 miterlebt hat, wird tief davon beeindruckt sein, wie Papst Franziskus einen geistig schwachen Menschen an seine Brust drückt und ihm einen Kuss auf die Stirn gibt oder wie er in einer Haftanstalt einem Gefangenen die Füße wäscht. Keiner ist ihm zu gering. Von ihm wird berichtet, dass er gleich zwei oder sogar drei Flüchtlingsfamilien eine Unterkunft im Vatikan vermittelt hat, die nach ihrer Flucht über das Mittelmeer doch noch gerettet wurden, aber kein Dach über dem Kopf hatten.

Zu Beginn seines Papstamtes hatte man ihm in seiner herrschaftlichen Behausung einige Nonnen zugeteilt, die für sein Wohl sorgen sollten. Er aber lehnte dies strikt ab: „Mein Bett kann ich mir selber machen. Ich vermag auch allein mein Zimmer zu putzen und brauche niemanden, der für mich in der Küche steht und Essen zubereitet. Ich gehe mittags in die Mensa, treffe mich dort mit jungen Menschen, komme mit ihnen ins Gespräch. Meine lieben Nonnen schicke ich gerne für wichtige missionarische Arbeiten auf die Straße. Da sollen sie ihren Dienst verrichten." So habe ich es aus seinen

Erinnerungen erfahren. Prunk und eine ausschweifende, genussvolle Lebensweise sind ihm ein Gräuel.

Aber hat Papst Franziskus diese Lebensweise nicht direkt von Jesus übernommen? Auch Christus hat mit lautem Ruf verkündet: „Selig seid ihr Armen, denn das Reich Gottes ist euer." Und dann fügte er noch an: „Weh euch Reichen, denn ihr habt euren Trost schon gehabt" (Lukas 6,20 und 24). Als ihm einmal ein reicher junger Mann begegnete, schleudert er ihm entgegen: „Verkaufe alles, was du hast, und gib es den Armen, so wirst du einen Schatz im Himmel haben." Bekannt ist uns auch die Aussage unseres Erlösers: „Es ist leichter, dass ein Kamel durch ein Nadelöhr gehe, als dass ein Reicher ins Reich Gottes komme."

Darf ich als Nachfolger Jesu Christi reich sein? Das ist bei diesem Thema meine brennende Frage. Wie stehe ich zum Reichtum? Wie bringe ich meine Gaben und Talente für andere ein? In Lukas 4,18 lesen wir, dass Jesus in diese Welt gekommen ist, um den Armen das Evangelium zu verkündigen. In seiner Begegnung mit Menschen auf der Straße wurde Blinden das Augenlicht geschenkt,

Behinderte, die sich nicht weiter fortbewegen konnten, lernten das Gehen. Kranke, die von der entsetzlichen und gefährlichen Plage des Aussatzes gezeichnet waren, wurden wieder geheilt. Wer sein Hörvermögen verloren hatte, konnte plötzlich in der Nähe Jesu seine Stimme vernehmen, und Arme freuten sich über das Evangelium.

Mich berühren die Aussagen Jesu zum Reichtum sehr stark, denn im Grunde gehöre auch ich zu den Reichen. Ich kann noch gut laufen, sehen, hören, und bin auch nicht von tödlichen Krankheiten betroffen. Mir gilt diese Botschaft, und ich muss schon kräftig bei diesen Worten Jesu schlucken und mich fragen lassen: „Bin ich ein zutiefst dankbarer Mensch und ganz von ihm und seiner Botschaft abhängig oder nehme ich mein Leben stolz in die eigene Hand? Bin ich eine Nachfolgerin Christi, die gerne ihr Hab und Gut mit anderen teilt, oder bin ich nur auf mein eigenes Wohlergehen bedacht?"

Ich habe als junges Mädchen Armut in jeder Weise erlebt. Oft hatten wir in frostigen Nächten kein Dach über dem Kopf. Unsere Familie hatte nicht nur ihr großes Vermögen und ihre Heimat verloren, sondern wir mussten durch den Zweiten Weltkrieg der Flucht und dem Tod ins Auge sehen. Ich weiß, was es bedeutet, den Hunger im Leib zu spüren, und oft quälte ich meine Mutter mit dem Satz: „Mama, gib mir Brot!" In der Pause konnte ich mir in der Schule oft nur zwei kleine, gekochte Pellkartoffeln aus dem Ranzen holen.

Als es uns nach zehn Jahren der Entbehrung, der Flucht, des Verlustes der Heimat und des Hungerns wieder besser ging, weiß ich, wie stark da in mir der Wille aufbrach: „Jetzt will ich mir aber auch Wohlstand schaffen." Ist dieser Gedanke verwerflich? Ja, ganz gewiss. Ich weiß um die Versuchung, zu raffen und gierig zu werden. Mir hat es geholfen, dass ich recht früh zum Glauben an Christus gefunden habe. Dadurch wurden mir neue Weichen gestellt. Die Weisungen meines Herrn in seinen Geboten und in seinem Bibelwort wurden mir zur Richtschnur. Das war aber auch mit Kampf verbunden und mit solchen Fragen: Soll ich mir nach so vielen Jahren der Entbehrung nicht einmal selbst ein gewisses finanzielles Polster schaffen, ehe ich das Wort aus Maleachi 3,10 ernst nehme, in dem es heißt: „Bringt aber den Zehnten ganz in mein Kornhaus und prüfet mich hierin, spricht der Herr Zebaoth, ob ich euch nicht des Himmels Fenster auftun werde und Segen herabschütte die Fülle."

Und in Vers 20 wurde mir eine wunderbare Verheißung geschenkt: „Euch aber, die ihr meinen Namen fürchtet, soll aufgehen die Sonne der Gerechtigkeit und Heil unter ihren Flügeln; und ihr sollt aus und ein gehen und hüpfen wie die Mastkälber." Weiß ich um diese unglaubliche Freude in meinem Herzen und um das Glück, in Gottes Gegenwart zu leben?

Nach dem Abitur begann ich mein Studium der Theologie in Marburg. Für das erste Semester gab mir mein Vater 50 DM zum Lebensunterhalt. Dieser Betrag war sehr gering bemessen, denn noch immer gehörten wir zu den Armen. Aber ich war gesund, konnte in den Semesterferien arbeiten und habe mir dadurch etwas dazuverdienen können. Gott wollte ich auch in Bezug auf mein Opfer gehorsam sein. So legte ich jeden Monat meinen Zehnten – fünf DM – in ein kleines Kästchen. Diese Spende gab ich nie für mich aus, obwohl ich oft in Versuchung geriet. So lagen schließlich fünfzig DM in meinem Kästchen.

Mit meinem Verlobten, den ich schon durch mein Sprachstudium in Hebräisch kennengelernt hatte, besuchte ich einen Bibelkreis. Er half mir auch, dass ich diese Prüfung nach drei Monaten schaffen konnte. Wer Theologie studiert, muss Latein, Hebräisch und Griechisch lernen. Latein und Hebräisch hatte ich in der Schule und im ersten Semester auf der Uni in Marburg gelernt. Nun musste ich mich nur noch mit Griechisch abmühen.

Es war uns im Bibelkreis aber auch ein Anliegen, Studenten in den Vorlesungen anzusprechen und ihnen die Botschaft von Jesus auszurichten. Im April 1956 war es uns möglich, Pfarrer Erich Schnepel in unseren Kreis zu einem Vortrag einzuladen. Von der Universität konnten wir einen Hörsaal für diese Veranstaltung anmieten. Genau 50 DM sollten wir dafür bezahlen. Mit frohem Herzen öffnete ich mein Kästchen und holte genau diesen Betrag heraus. Damit war die Miete beglichen. Das machte mich glücklich. Eifrig luden wir unsere Kommilitonen dazu ein. Ich kümmerte mich besonders um die Studentinnen.

In meinem Griechischkurs saß ich neben Traute. Sie war hochbegabt, litt aber schrecklich unter Heimweh. So versuchte ich, sie zu trösten, wenn wieder einmal die Tränen über ihre Wangen rollten und sie an Brunsbüttel in Norddeutschland dachte. So lud ich sie zu diesem Vortrag ein. Natürlich saß sie während unseres missionarischen Einsatzes neben mir im Hörsaal und folgte aufmerksam den Ausführungen des Redners. Am Schluss lud Pfarrer Schnepel jeden ein, der ein Gespräch mit ihm wünschte. Ab 8 Uhr morgens sei er in seinem Hotel am Ortenberg zu sprechen. Traute nahm dieses Angebot wahr und vereinbarte einen Termin mit ihm.

Am nächsten Tag traf ich Pfarrer Schnepel in der Mensa. Er kam gleich auf mich zu und sagte mir: „Fräulein Hannemann, heute morgen war Ihre Freundin bei mir zum Gespräch. Fräulein Papke ist Christ geworden." In diesem Augenblick hätte ich tanzen können. In meinem Leben war das immer das größte Glück, wenn ein Mensch in die Nachfolge Jesu trat und ich ein wenig daran beteiligt war. Mein geringes Opfer von monatlich fünf DM hatte es uns ermöglicht, den Hörsaal anzumieten. Und jetzt jubelten nicht nur die Engel im Himmel, dass wieder ein Mensch in Gottes Nähe gekommen war, sondern auch ich. Über mehrere Jahre hinweg blieb ich mit Traute verbunden.

Es lohnt sich immer, sein geringes Hab und Gut für Gottes Sache einzusetzen. Der rechte Gebrauch von Geld macht wirklich glücklich.

An dieser Stelle wurde mir auch bewusst, warum Jesus in seinem Herrengebet die Bitte einfügt: „Und führe mich nicht in Versuchung." Es folgte eine Zeit, in der ich mehr finanzielle Mittel zur Verfügung hatte als zuvor.

Es waren Jahre in unserer Familie, in denen vier unserer Kinder gleichzeitig im Ausland, aber auch an verschiedenen Universitäten in Deutschland studierten. Da mussten an jedem Ersten des Monats hohe Summen an die Studierenden überwiesen werden. Mich bewegte die Frage: Muss ich jetzt bei solch hohen Ausgaben auch noch den Zehnten geben? Auch hier erfuhr ich Gottes Weisung.

Im Oktober eines jeden Jahres hielt ich gerne Ausschau nach den ersten Losungsbüchern, die in den Buchläden zu finden waren. Ich war neugierig und suchte nach dem

Wort, das Gott mir zu meinem Geburtstag zugedacht hatte. Die Losung, die ich an einem sonnigen Herbsttag aufschlug, zauberte mir kein Lächeln auf mein Gesicht, ja ich war regelrecht erschrocken, als ich für den 3. Januar las: „Lasst euch nicht von der Habgier fesseln." Für mich war diese Mahnung genau das Richtige. So fragte ich mich zu Recht: Warum fange ich gerade beim Opfer für Gott an, geizig zu sein, da es doch in 1. Timotheus 6,10 heißt: „Geiz ist eine Wurzel allen Übels", und in Hebräer 13,5 steht die Mahnung: „Euer Wandel sei ohne Geiz." Ich ließ mich von Gott korrigieren und legte mein Geld vollständig in den Opferkasten. Soll ich jetzt noch ausplaudern, dass wir gleich mehrere Geldwunder in der Familie erlebten? Unsere Tochter erhielt zum Sprachstudium in Irland ein Stipendium über zwei Semester, und einer unserer Söhne hatte gerade seine Promotion mit Erfolg abgeschlossen. Nun wartete er noch auf das Ergebnis. Gegen Mitternacht rief er mich eines Tages an: „Mutti, ich weiß, dass du es nicht gerne siehst, wenn ich noch so spät telefoniere. Aber als ich heute vom Institut nach Hause kam, überraschte mich die Nachricht, dass meine Doktorarbeit mit „summa cum laude" bewertet wurde (übersetzt heißt das: mit höchstem Lob). Außerdem zeichnete mich die Universität in Zürich für diese Leistung mit einem Preisgeld von 17000 Schweizer Franken aus. Noch nie hatte ich so viel Geld in Händen. Wenn Papa sein Auto in die Werkstatt bringen muss und mit einer hohen Ausgabe bedacht wird, kann er mir die Rechnung zustellen."

In dieser Nacht konnte ich lange vor innerer Bewegung kaum Schlaf finden. Ich lag wach und dankte meinem Herrn für so viel Freundlichkeit und Güte. Es gibt wirklich noch Wunder!

Aber bei diesem Thema geht es mir ja nicht nur ums Geld. Wir empfangen alles, was wir zum Leben brauchen, aus Gottes wunderbarer Hand. In Arolsen war mein Mann Lehrer am Gymnasium und dort konnten wir uns auch ein wunderschönes Häuschen bauen. Mit der Zeit bekamen wir Kontakt zu ausländischen Studenten und wir gründeten einen Hausbibelkreis. Meine Aufgabe bestand darin, kleine Leckereien oder beliebte Obstsalate anzubieten. Da unsere Sitzgelegenheiten nicht ausreichten, schoben eines Abends zwei starke junge Männer ein altes Sofa aus dem Arbeitszimmer meines Mannes ins Wohnzimmer. Wie entsetzt war ich, als ich am nächsten Morgen hässliche Schrammen auf unserem neuen Parkett entdecken musste. Nein, es hat keinen Zweck, sich so viel junges Volk ins Haus zu holen, wenn unser schöner Fußboden so verschandelt wird, dachte ich bei mir. Ich hätte heulen können. Als mein Mann kurz darauf aus der Schule nach Hause kam, führte ich ihn in unser Wohnzimmer: „Karl-Heinz, sieh dir nur diese schrecklichen, tiefen Kratzer auf unserem teuren Belag an. Ich glaube, wir hören mit dem Bibelkreis auf, wenn unser schönes Haus so sehr darunter leidet." Mein Mann sah die Risse und mein trauriges Gesicht. Er nahm mich in den Arm und sagte: „Lotte, diese Schrammen tun dir weh? Du solltest froh sein, dass in unserem Haus die Spuren der Heiligen zu sehen sind. Wir machen weiter", und damit war für mich alles klar. Fest drückte mich mein Mann an sich und gab mir einen kräftigen Kuss auf die Wange.

Wie unbedeutend sind gemessen an Gottes großer Güte und Wohltat ein paar scheußliche Schrammen auf dem Parkett? Die Risse im Fußboden sind ein kleiner Schandfleck, der behoben werden kann. Aber Gottes Rettungsangebot für die Menschen ist wesentlicher und hat sogar Bedeutung bis in die Ewigkeit. Eine Reihe von jungen Ausländern fand im Laufe der Jahre den Weg in Gottes Nähe.

Hochzeit feiern –
welch eine Freude

Vor einigen Tagen erhielt ich einen Brief aus Niesky mit einer Einladung zur goldenen Hochzeit. Unter dem Bild des Paares stand das Bibelwort: „Was Gott zusammengefügt hat, das soll der Mensch nicht scheiden." Ein wunderbar gekleidetes Paar steht vor mir. Es sind Bernd und Carola Meier, die vor 50 Jahren auf dem Standesamt getraut wurden. Aber erst jetzt, da sie vor etwa drei Jahren den Weg zu Gott gefunden haben, ist es ihnen ein herzliches Bedürfnis, sich vor den Altar der Kirche zu stellen, um die Segnung von Gott zu empfangen und sich kirchlich trauen zu lassen. Damals zur Zeit der DDR war ihnen Christus noch fremd.

Herr Meier war Studienrat. Eine christliche Ehe einzugehen, hätte ihn seinen Beruf kosten können. Alles, was christlich organisiert wurde, war vom damaligen Staat verpönt. Nun, da sie beide von Jesus ergriffen waren, schmerzte es sie, so viele Jahre ohne den Segen Gottes in ihrer Ehe gelebt zu haben. Nun aber wollten sie ihre kirchliche Trauung nachholen. Für ihre Kinder und Verwandten war dieser Wunsch ein seltsames Ereignis. Doch beide Eheleute freuten sich auf ihren großen Tag, an dem sie bezeugen wollten: Unsere Ehe soll ein Zeichen unseres neuen Lebens mit Christus sein, der mit uns eine enge Verbindung eingegangen ist.

Alle Einladungen waren schon losgeschickt. Zwei Pfarrer würden die Trauung vornehmen und Bernd Meier wollte vor dem Essen eine Rede halten. Seit Wochen suchte er schon nach einem Wort der Bibel, das ihm ein Geleit für seine Rede sein könnte. Ich half ihm dabei und nannte ihm eine Reihe von treffenden Bibelsprüchen, die in meinem Neuen Testament alle rot unterstrichen waren. Aber keines wollte ihm gefallen. Doch dann rief er an einem Morgen voller Freude bei mir an. „Frau Bormuth, ich habe den Spruch gefunden, über den ich reden möchte. Im Alten Testament steht er im Buch Ruth. Dort heißt es: ‚Wo du hingehst, da will ich auch hingehen, wo du bleibst, da bleibe ich auch. Dein Volk ist mein Volk, und dein Gott ist mein Gott'" (Ruth 1,16).

„Ja", stimmte ich Herrn Meier zu, „das ist

ein passendes Wort für Ihren schönen Tag. Es ist ja ein seltenes Ereignis, dass Sie beide nach 50 Jahren Ehe vor den Altar treten und Gott in Ihr gemeinsames Leben mit hineinnehmen wollen."

Mir war es schon damals eine herrliche Freude, als Jesus in das Leben dieser beiden Menschen trat. Vor drei Jahren nahmen sie Christus in ihr Dasein auf. Damals ließ sich Carola taufen und Bernd ließ sich konfirmieren – als ein bewusstes Zeichen ihrer Hingabe an Gott.

Als sie mir dies mitteilten, war ich sehr bewegt. Sie hatten beide bei Gott eine geistliche Heimat gefunden. Die nachgeholte christliche Eheschließung ist mir ein weiteres Zeugnis dafür, wie ernst die beiden ihre Verbindung zu Gott nehmen. Mich machte diese Nachricht zutiefst demütig und ich dankte dem Herrn für dieses Wunder. Nun sollte einen Tag vor Silvester, am 30.12. ein neuer Akt erfolgen. Ihre ganze Verwandtschaft sollte wissen, dass Gott mit ihnen einen Bund geschlossen hatte, der von seiner Seite nie gebrochen würde.

Einige aus ihrem Verwandtenkreis wollten diese Entscheidung nicht akzeptieren und teilten ihnen mit: „Ja, wir kommen zur Feier, aber nicht in die Kirche. Zum Mittagessen sind wir pünktlich im Hotel." Darüber war Herr Meier betrübt, denn ihm war es ein Anliegen, durch seine kurze Ansprache ein klares Zeugnis von Gott abzulegen. Nach seiner Bekehrung setzte nämlich ein eifriges Ringen für alle seine Lieben ein, damit auch ihnen das große Geschenk der Gotteskindschaft zuteil werden sollte. Ich versuchte, Herrn Meier immer wieder viel Mut zu machen, dass Gott sein Gebet erhören will. Ich sagte ihm damals: „Noch besteht Hoffnung für alle Ihre Kinder, und Kindeskinder. Gewiss, Gottes Tun ist uns bis jetzt verborgen, aber wir dürfen unserem Herrn vertrauen."

Ich selbst habe es erlebt, dass mein Vater noch in seiner letzten Stunde auf dieser Erde zu Gott gefunden hat. Das Sterben eines über alles geliebten Vaters war mir zunächst ein schmerzliches Ereignis, für mich wurde es aber zur Erfüllung jahrelanger Gebete. Er fand heim zu seinem Gott, und ich hörte ihn auf seinem Sterbebett zum ersten Mal laut beten. Unter den Worten des 23. Psalms durfte er in die neue Welt des Vaters im Himmel eingehen.

Nun warte ich auf diesen großen Hochzeitstag der Eheleute Meier. Auch heute kann Jesus Wunder tun und Menschen in seine Gemeinschaft rufen.

Adresse:
Lotte Bormuth
Sperberweg 8a
35043 Marburg
Tel. 06421/41347